봄, 바람에 기울다

가 은 시집

시와사람

봄, 바람에 기울다

■ 시인의 말

수고스러웠으나 D + 성적표

생의 밑그림이 엉성해서인지

정성을 다해 채색해도 뺴대 없는 삶은

늘 생경의 갈피에서 서성이네

구멍 난 마음을 감추고 당당하려는

이렇듯, 위태로운 너에게 간절하게 말을 걸고 또 걸었네

그로 인해 환해지면 좋겠다 싶어서

그토록 저렸던 고독과 슬픔과 기꺼운 정적情迹

실뜰한 인연을 만나 평온에 들거든

끝내, 돌아오지 마라

성적표 + D에 머물러도 좋을 듯 한

남녘, 지붕 없는 미술관 풍남 갯가에서

가은

차 례

2 달 정원

3 봄, 바람에 기울다

4 또 하나의 거룩

1

행운의 볼 하나 가슴에 품었습니다

행운의 볼 하나 가슴에 품었습니다

너릿재 정상, 왕소나무 무릎쯤에 잡풀을 헤집고 새초롬히 얼굴을 내민 여리여리한 소나무 한 그루 있습니다

하늘에 걸린 왕소나무 얼굴을 볼 수 없어 그림자로 누운 얼굴을 한참이나 봅니다

길 위의 길은 늘 난해해서 무한직선처럼 두리번거려도 온전한 길을 찾을 수 없고 마음마저 시들해질 무렵 '잘하고 있다' 힘을 주었지요

삶이 때로는 온전히 볼 수 없어 눈을 감고, 가려들을 수 없어 이명에 시달리고, 허투루 말할 수 없어 아예 문을 잠그고 다른 길을 걷기도 합니다

살아내는 일은 왕왕 유용有用이 무용無用하여 풀리지 않은 실타래처럼 뒤엉키기 십상일텐데 이제는 걱정없습니다

그때마다 당당하게 꺼내 볼 수 있는 행운의 볼 하나 내게 있습니다

감정의 도그마

평소와 달리 경쾌한 음악이 흐르는 그녀의 방
생체리듬이 흔들리는 신호음이다

빠른 정서 순환을 기대하지만
해가 갈수록 에너지는 달리고 심한 체증을 앓는다

수많은 감정이 교차하는 미묘한 인간관계
스펀지처럼 잘 흡수되나 싫어도 어느새 방수벽 위를 겉도는
반투명 유리처럼 보일 듯 말 듯 암흑의 지대를 형성한 구간, 역할 적 오류가 발생하기 쉬운 지뢰밭이다

에둘러 가는 길

해소되지 않은 심안의 갈등을 우중 라이딩에 기대본다

얼굴을 후리는 맑은 영혼
땀에 노출된 짙은 노독은 빗물에 흩어진다

합치의 서막이다

수식의 메커니즘
- 디포리*

통영 강구안 중앙 수산시장 4길에는 해미海味 건어물전이 있다

유독 반짝이며 눈길을 마주친 밴댕이, 어부도 살아있는 모습을 보지 못한 고진 성깔과 달리 반지르르한 몸통은 죽어서도 이름을 남긴다

심해를 유영하는 푸른 언어의 잔재, 유서를 품은 적막은 길게 모여드는 만조의 귀퉁이를 허물고 서성인다

꾹 눌러 삼키는 허무의 종말

지극히 짧은 생사의 순간, 미련이란 없다는 듯 담백하게 마무리하는 순장, 생살 가득 바다는 치열의 순간을 맛으로 설명한다

디포리 명물 회는 봄철이 아니면 군대 간 애인 기다리듯 기다려야 하고, 디포리 없는 해물 육수는 감히 해물 육수라 할 수 없으니 어느 집 주방이든 냉동실 중앙에 턱한 자리 차지하는 것은 만고의 진리

시원 깔끔한 해물 육수에 국수를 말아 먹다 돌돌 말린 국숫발처럼 생각이 꼬인다

글쟁이들이 가장 좋아하는 간식은 수식으로 꾸미는 잔재주, 맞다

평생 덤벙거린 족적이 부끄러워 돌아본다

삼류 시인답게 화려한 수식으로 그득 찬 명함이 무거워 그만, 놓치고 말았다

바닥에 데굴데굴 굴러버린 밴댕이보다 못한 일생, 자존감도 함께 구른다

몽마르뜨언덕이라 수식하지 않아도 그지없는 동파랑 길

통영의 나폴리라 읽고 통영의 디포리라 쓰고 싶은 순간이 가끔은 있다

*보리멸의 전라도 방언, 밴댕이, 본초강목에는 늑어

아마릴리스

- 엄마는 외국인

화향은 보송보송한 살결에 번지고 심장은 꽃술처럼 요동치며 붉게 뛰네

그냥, 넷이 갑오징어 먹물에 수다를 섞고 흰 살을 더듬으며 세피아빛 사랑과 따끈한 밥상에 가벼운 술잔을 기울이자고 했을 뿐인데

오물처럼 탁한 채도를 어찌할 수 없어 비릿한 언어를 안으로 굴렸지

굴렁쇠가 붙들고 달아난 뜨거운 감정
알아들을 수 없는 간절함을 추스르지 못한 채 성급함을 드러냈던 것이 화근이었어

마음이 열리면 몸도 열리고 언어도 열릴 거라는 믿음은 속수무책으로 겉도는 허당 가슴에 자갈 몇 개 바스락대고 심오한 모래는 쌓여만 가고

오직 선한 눈빛이 훔치는 것은 묵묵하게 걸쳐 있는 수평선
바다가 송두리째 그리움인 건 고향 끝에 있기 때문이다

썰물이 실어간 소식은 잘 도착했는지
사구 귀퉁이를 힘없이 툭툭 건드리자 왜 갑자기 소나기는 내리는지

눈물겹게

이국에 헐렁한 뿌리를 내리고 가까스로 소속감*을 움켜잡고 힘없이 꺾이는 텅 빈 가슴

fit in 울지 않아 이국적인 상품의 최적화는 웃음이라서
No, Net fit in 살고 있음에 살아야 하므로

*『대담하게 맞서기』의 저자 브레네 브라운은
소속감이란 fit in(맞춰 들어가야 한다)가 아니라
Net fit in(본인 모습 그대로 소속되는 것)이 진짜 소속감이라는

눈 오면 꼭 만나야 할

어제부터 갈팡질팡 싸락눈이 오고 올해는 못 만날 것 같다는 생각은 기우였어

딱히 언약은 하지 않았으나 눈 오면 꼭 만나야 할
설레는 마음을 살포시 배낭에 넣고 총총걸음으로 오른 서석대*

회오리치는 눈발, 돌계단은 흔적 없이 사라지고 사그락 사그락 살얼음판을 건너온 시간과 상고대의 언어는 서로를 의지하며 터널을 이루고 낮게 흐르는 심혈을 전율케 한다

언제부터였나, 질척질척한 울음 몇 장 풀어 놓지 못하고 실어증으로 속울음 삼키던 때였어

상처를 덧칠한 세속의 언어를 통속처럼 가슴에 묻고 불안을 타전하는 여리고 시린 마음을 안아준 너

무인無人의 사랑은 이리도 가볍게 오는 것을

서석대 언저리 작달막한 솔
그대 다정한 어깨에 기대어 차를 따른다

한 잔은 천리동풍千里同風처럼 살지 못하고 간당거린 생을 아무렇지 않다고 말하는 힘없는 나에게

또 한 잔은 마트료시카 목각인형처럼 수십 개의 나를 포개며 끝끝내 포기하지 않은 나에게

마지막 한 잔은 울음 빛이 선한 이 길에서 웃을 수 있는 우리에게

미온의 찻자리에 뜨거운 정을 토로하고
마음의 갈팡거림은 오늘에야 막을 내린다

*광주광역시 무등산

별사別辭

-첫서리에 오는 감기처럼

단단하게 여미고 싶었던 매듭
꿈 같은 현실과 마주한 채 힘없는 연줄처럼 끊어지고 말았다
할 말도 없고, 맥없이 빈말 같은 위로는 더더욱 할 수 없어 바닥에 깔린 숨소리만 거칠었던

가슴 저미었던 순간은 꿈인 듯 서릿발에 불쑥 찾아와 심신을 자극하는 너, 영악한 공격성은 강력한 힘이 있어 방어력을 상실하고 겉돌던 일상의 모든 의욕을 탕진시킨다

별일 없는 듯 꽁꽁 묻어두었던 철 지난 상흔 부스러기를 들춰내며 짙은 농도만큼이나 거칠게 차오른 기침, 편도가 찢어질 듯 부어오르고 흔들리는 두통 쯤이야
하지만, 묵음으로도 어찌할 수 없는 별사의 흉통

풀린다고 다 끊어 낼 수 없는 우매한 인간사
침묵 속에 묻어둔 상처는 매양 감기처럼 가볍게 온다

착란은 표준음을 찾는 조율의 시간이 약이라 믿는다
또 다른 시작이다

노마드*청춘

– 사랑 그리고 이별

허리를 휘감으며 지긋한 눈빛을 주고 기운찬 보폭이 섞인 발걸음은 발사믹 소스처럼 상큼하네

묵직한 어깨가 그리우면 사랑은 시작되고 흘깃 돌아보고 싶은 뒷모습이 아니라면 상큼하게 안녕

한여름 그늘을 만들지 못한 사랑은 막 스친 정오처럼 뜨거웠으나 함께 일생을 소비하자던 마음은 시답잖게 체력만 소비하고 말았네

사랑을 운명의 동의어로 주고받다 결국, 펄럭 찢어버리고 붕붕 입만 떠 있는 잔잔한 호수 더블베이스가 흐르는 묵직한 이별 노래를 듣네 아무튼 더블은 싫지만, 행동도 목소리도 묵직한 것이 좋아

젠장, 팔랑개비 같은 희비한 당신

한 발씩 묶어 달리다 호흡조절에 실패하고 힘 풀린 발목은 지나온 시간을 해독하느라 절뚝거린 오후

머무름에 머물지 않은 존재

노마드 청춘, 그들은 오랫동안 뜨거운 삶을 디자인할 것이고

나는 꺼내놓지 못한 먼 기억을 기꺼이 끌어안고

*삶의 방식에 얽매이지 않고 창조적으로 사는 인간

어머니의 역설

'저놈의 주둥아리'
시댁 연대기를 들먹이며 콱 쥐어박기 전에 힘을 푸라는 어머니

굳이 입 나온 할머니와 고모를 들먹이지 않아도 느리거나 소심함은 부계, 시媤가 싫어 시금치, 시래기도 먹지 않는다는 모 여인의 속내처럼 어머니는 유독 나온 주둥이에 경기驚起를 낸다

닭똥꼬처럼 부러 터진 입은 끝내 못다 한 말이 서글픈지 그렁그렁 고샅으로 간다

멀리 통통거리는 경운기 소리, 읍내 오일장에 밥 벌러 간 아버지는 마을 사람들의 밥통을 한가득 싣고 신작로에 든다

달구가리는 순희네 집에 가져다주고 오백 원을 받아 와야 한다

부지런하고 간 크신 우리 어머니
새벽 어스름부터 어스레한 저녁까지 억척스럽게 밥을

주우러 다니는데

늘 성에 차지 않은 아버지는 잔소리의 근원을 제공하고 고삐를 잡고 늦추지 않은 어머니의 끝없는 역설은 불똥에 불똥이 되어 끝내, 불안한 불길은 가루 나무 타듯이 바르르 옮겨다닌다

'깨워 놓으면 화장실에서 한참, 밥 먹으면서 한참'이라고 아버지를 향한 애가 탄 어머니의 느림보 시리즈에 귀지가 돋아날 즘, 부지런함의 정비례처럼 우리집 살림에 통통한 살이 붙어 넘실넘실 힘이 생겼다

울 밖으로 자글대며 떠돌던 지긋지긋한 불편함도 눈 밖에서 사라지면 영원한 그리움인지

'딸 셋이 엄마는 하나도 안 닮고 키도 크고 이뿌요이'
"다 즈그 아부지 닮았단 말이요"

먼 남쪽 하늘 어디쯤에서 울아버지 간만에 귀가 번뜩하겠다

어머니의 시댁 연대기는 현재진행형이다

지나온 길은 쌉싸래한 감태 같더라

땅끝마을 바닷가 어귀
요염한 썰물의 가슴은 푸른 꽃을 피우고 부드럽게 내리는 눈발을 곰살궂게 끌어안네

갯가를 서성이며 물풀처럼 흩어진 추억을 훔치느라 여념이 없는 그녀
잠시의 낯섦도 그리움의 파편인지라 갯벌에 질펀하게 드러누운 감태를 보며 삶의 가장자리부터 엮어 모으네

어디론가 훌훌 사라진 덧난 치부를 위로하듯 파리한 얼굴을 감싸는 감태 향
찬바람 스치면 건드리지 않아도 마음 골을 서성이며 달콤한 치적보다 먼저 당도하는 쌉싸래한 맛
마치, 머뭇머뭇 돌아서던 쓰린 인생의 본원처럼

어제의 먼 훗날을 지그시 밟고 눈가에 자글거린 주름을 그리며 여유롭게 웃는 그녀
애증의 세월은 아련히 볼에 스치고 돌아보는 목덜미는 부드럽고 고고하네

감태 향을 붙들고 아무 일도 없었던 것처럼

서른아홉 해의 가난한 설해목

어둠 짙게 내린 강남 고속버스 터미널 호남선
때 늦은 폭설로 사지가 마비된 듯 순백의 경전을 온몸으로 습득하는 위태한 발자국
차표 한 장을 손에 쥔 까무잡잡한 사내, 어깨가 기울도록 묵직한 인생을 메고 노독의 하루를 달래려는지 얼큰한 순두부찌개를 안주 삼아 씁쓸한 인생 몇 잔 거푸 마신다 바닥을 타전하는 흙수저의 희망은 타협하지 않아도 비굴하지 않아도 공평하게 주어진 하루 이십 사 시간, 하현달 친구 삼아 서울행 무궁화 열차에 몸을 싣고 펼쳐진 시간을 모으며 동분서주 뛰었던 여정, 무럼한 날갯짓은 어느 희망 골을 누렸을까

온종일, 무두질하던 허기
날숨 길게 늘이는 이완의 시간, 불콰한 얼굴은 희망을 엮어 가는 서른아홉 해의 가난한 설해목의 몸부림
취침을 유도하는 은은한 불빛이 켜지는 심야 우등고속버스 몇은 코를 골고 몇은 핸드폰을 만지작거리고 저마다 고단한 하루를 풀어내는 방, 군용 모포를 온기 삼아 알바트로스의 꿈을 향한 그 사내

어느 풍월주인으로 살아간다는

가방끈의 길이와 존심의 상관관계

반평생 내 팔짱을 악착같이 놓지 않고 튼실한 가죽 뱃구레를 잔뜩 키워 질질 끌고 다니던 가냘픈 여자

청춘의 동강 난 가방끈으로는 존심의 깊이를 가늠할 수 없는지 만학에 기대어 잘려나간 가방끈을 강력접착하려 바둥바둥 천 리를 허우적거리던 여자
끈이 다소 짧아 불편할 뿐인데 늘릴 수만 있다면 고무줄처럼 원願 없이 늘리고 싶어 하던 불쌍한 여자

밤낮을 가리지 않고 뛰어도 능력의 한계속도를 가늘 수 없어 가던 길을 되돌리고 싶은 순간 홀로 자전거에 기대어 맞바람의 벽을 쓸쓸히 받아안던 여자
한쪽 어깨가 서서히 무너져 내리고 가방끈이 땅에 질질 끌려 오른쪽 발등을 툭툭 건들 무렵 다소 사푼거리던 여자

묵직한 전공 서적으로 한 번쯤 배가 터지나 싶더니 이제 부전공 시집으로 만삭이네
불구不久를 불구不具하고 친밀한 관계를 유지하는 우리
훌렁훌렁 늙어 가는 우리
끈이 긴 숄더백을 메고 오늘은 또 어느 구석에서 서푼 귀동냥하려는지

소금꽃

리어커에 해거름을 신고 먼바다로 김 채취 간 부모님을 마중 간다
아담한 선착장 어귀 삭풍을 등진 세 자매, 눈의 명 촉을 세우고 수평선을 건너온 어릿어릿한 어선의 행적을 쫓고 있다 칼바람에 휘둘린 거친 너울성 파도는 단번에 쪽빛 바다를 점령하고 억새처럼 우우 한 방향으로 일어선다

아무도 바라보지 않은 가족의 바다, 콧등 시린 바람의 무게는 아랑곳없이 오직 무사 귀환을 바라는 애달픈 마음만 간절할 뿐

맥없이 통통거리며 선착장에 맞댄 뱃머리

몇 바구니 생김을 끌어안고 억세게 굴곡을 건너온 부모님, 리어커 가득 간당대는 목숨을 끌고 당당하게 신작로에 든다
후들대는 온몸에 피어 나는 억센꽃, 가난이 서럽게 피운 소금꽃
구멍 숭숭 뚫린 돌김을 굽다 그림자처럼 내닫는 뭉근한 가슴
한 장 김의 숭고한 내력을 묻는다

농주

썬텐 중인 알곡 태풍을 무사히 건너온 조각조각 애타는 마음 뿌듯한 눈흘림 그윽하다

거름 채 속에 잘 숙성된 걸쭉한 건지 어머니는 막걸리를 거른다 뿌옇고 텁텁한 막 걸러낸 술 시큼한 향은 돌담 밖 후각을 모은다 둘레둘레 걸터앉아 몇 순배 돌아 알딸딸한 망중한 느닷없이 내리꽂는 여우비

덕석을 말고 비닐로 덮는 부산한 일손은 한 치의 여유도 허락지 않은 하늘의 힘에 길들어진 노역勞役의 산실, 검버섯 덕지덕지 붙은 구릿빛 얼굴의 슬픈 밀도는 깊게 쌓인 통점이 지나는 곳마다 근심이 고인다

비설거지로 넋 나간 어머니 그 새 막걸리 건지를 잔뜩 먹고 볼그레한 얼굴로 간드러지게 이미자의 '동백 아가씨'를 부르는 아이

되감긴 변방의 시간을 모으다 빈대떡을 안주 삼아 막걸리에 '동백 아가씨'를 허밍 한다

오미*를 품은 쌀로 빚은 농주, 농가의 후렴 같은 깊은 맛

삶은 숙성된 피사체인가

*단맛, 신맛, 쓴맛, 떫은맛, 감칠맛

외가, 수평선에 걸리다

남도 끝자락 아스라한 수평선에 걸린 아름다운 섬 죽도

엄마의 어무니, 아부지가 평생 물질로 살다 바다 한가운데 묻혀 기러기와 살고
엄마의 동생들이 갈바람을 헤집고 검푸른 바다와 샅바 싸움을 하는 곳

9남매 맏이로 태어나 동생들 키우느라 평생 문맹으로 사는 엄마의 아픔은 야무지고 똑똑하다는 것이네
해풍에 몸피를 달군 구릿빛 문어를 앞에 두고 삶의 본질을 두드리는 마음은 헛헛하네

힘에 겹도록 젊음을 수장한 바닷일
여름에는 바닷장어, 겨울에는 김, 계절마다 색다른 바다를 먹을 때 울컥울컥 스미는 파도

지금 어디쯤에서 물질하고 있을까

죽도 사나이들

숙성된 시간

왜 그런지 몰라 막걸리는
찌그러진 옷을 입어야 마음 깃이 술술 풀리거든

한 되짜리 양은 주전자를 들고 간 마을회관
선희 엄마는 예쁜이 왔다며 양조장 문턱을 갓 넘어온 텁텁한 막걸리를 철철 넘치게 담아주었다

바짓가랑이며 신발에 물그림자 번지고 코끝까지 살랑거린 누룩 향
서너 걸음 떼다 말고 앳된 미소

넘친다는 것은 순전히 핑계에 무덤을 쓰는 일, 주전자 주둥이에 앵두 같은 입을 대고 엄마 젖꼭지 빨 듯 쭉쭉 빨아들인다
아! 요사한 이 맛, 뜨뜻한 할아버지 양반다리 위에서 넙죽넙죽 받아먹던 그 꼴랑한 맛 아닌가
두 모금만 먹으면 좋은데 딱, 한 모금만 더

멈칫거리는 얼굴을 힐끗 보시고 '누구네 처자가 당번 서더냐, 주전자를 채우다 말고' 달아오른 얼굴을 어쩌지 못하고 쌩긋거린다

모를 리 없지, 우리 할아버지

연초록 숲을 거닐며 풋풋한 시간 속에 잠겨 보는 일

늘 서둘러 차오른 보골보골한 무늬 속에는 기포 만큼이나 아련한 기억은 가볍게 찾아들고 누룩 향 같은 그리움은 행간의 얽힌 언어의 순수만큼 뭉글뭉글 취한다

봄 햇살처럼 발효되기 좋은 시간

고향 한 묶음 차려진 낙지 초무침에 오덕*을 가졌다는 유자 막걸리를 앞에 두고 숙성된 시간을 건너자 여백의 햇살은 남쪽으로 기운다

설핏, 그립다

*허기를 면하고, 취기가 덜하고, 추위를 가볍게 해주고, 일할 때 힘이 생기고, 마음의 문이 쉽게 열린다

내려놓음의 미학

질푸른 야성의 품은 태생 전 잠시 머물던 곳입니다

그 안에 들면 나달거린 마음은 평정심을 찾고
겹겹이 쌓인 독소의 갈림목은 투명하기만 합니다

무등산 한 자락 걸치고 슬렁슬렁 오솔길을 걷다 뜨거운 체온 다 벗어버린 굴피의 흔적에 기대어 기꺼던 우정도 사랑도 아닌 묘한 인연을 생각합니다

계곡 물소리에 가볍게 열리는 오감
느긋한 순간은 생의 모서리를 서성이다 치열했던 삶을 내려놓은 자리에 슬몃, 스며듭니다

내려놓음의 미학

그러나, 때때로 내면의 갈등을 유발하는 분간할 수 없는 공허함

쓰린 변곡점을 지날 때마다 질푸른 야성에 취해 비틀거려도 좋겠습니다

2

달 정원

달 정원

라일락꽃이 절창 같은 향기를 풀풀 흘리던 날
달의 씨앗을 품은 사내 정원에 들어 흐드러진 꽃들의 눈총을 받으며 당당하게 지구의 여인을 유혹했네

달빛을 꾹꾹 심어 발목을 담근 씨앗은 실하게 뿌리를 내리고
그중 넉살스러운 네 딸은 의기투합하여 산티아고에서 여행 온 '카베르네 소비뇽 레드와인 1887'을 옆구리에 끼고 불콰한 밤을 즐기네 덤으로 권장의 마음이 담긴 담백한 수제 육포를 쭉쭉 찢어 욱여넣으며 담소는 뭉떵뭉떵 숨 쉬는 작약꽃 얼굴에 번지네

언제부터인지, 달의 그림자는 정원의 품에 있는 잔잔한 호수에 흥건하게 고이는 기쁨을 한량없이 퍼 올려 지루한 일상의 밋밋함을 화려한 일상으로 변환시키는 마술 같은 힘이 있다고, 솔 솔 떠다니는 입

초록 물이 범람한 모퉁이에 입과 입들이 입소리로 모이고 컬러풀하게 흥얼거리다 피고 지는 꽃처럼 왁자한 밤을 채우는 곳
동구 예술의 거리 초입 브런치 카페 달 정원이 있네

굿바이 브라

아프리카 원주민의 몸이면 좋을 뻔했어

무모하게 앵기는 햇살도 좋고 실바람이 훑고 가면 더 바랄 것이 없지

무게를 견디지 못해 처진 대로 꽃이 피면 어때 아름답다는 것은 화려하지 않아도 지극히 평화로울 때 붙이는 찬사이기도 해, 아이의 갈망하는 눈빛과 겨드랑이를 파고드는 미온의 손길 본능에 마음을 다하는 희열의 순간은 평범한 일상은 아니지, 생명을 키워 내는 소중한 그 일 말이야

그러나 주체 의지와 상관없이 유패 되어 역할을 바로 세우지 못할 때 진화는 뜻하지 않은 형태로 바뀌는 것 같아

따로 존재하는 상상 속 교집합, 가장 핫라인은 S라인, U라인, V라인 보일 듯 말 듯 아찔한 클리비지라인의 원조는 메릴린 먼로, 숨을 참으며 허리를 조이고 가슴을 업시키는 코르셋으로 여성성을 강조하는 순간 혼돈의 암흑 속에 갇혔어

확인되지 않은 미동봉 우편물 뽕브라 서너 개 넣어 메릴린 먼로에게 보낼까 생각 중이야

추신: 현세는 미니멀 라이프와 노브라가 유행 중

은륜* 위의 정사

밤꽃향이 사방을 덮쳐 올 무렵
섹스가 건강에 좋다고 했을 뿐인데

몸을 위해 마음을 모으는 일은 쉬운 일이 아니다

들추지 말아야 할 어둠의 정적
욕망의 온도를 가늠하며 거슴츠레한 눈꺼풀을 털고 향한 곳은 그 남자의 쓸쓸함이 눅눅히 묻어나는 건넛방

아직 곤한 잠에 빠져있다
떨리는 손으로 살며시 만져보니 움찔
쭉 뻗은 뼈대가 짱짱해 아직 쓸만하다
양다리 근육이 탄탄한지 마음을 다해 쿡쿡 눌러 보고 따끈한 흰 민들레차 한 잔 가득 먹여 달랜다

미묘하게 떨리는 합궁의 순간
한 치 오차도 없이 마음과 몸이 하나가 된다
체위의 선택은 지극히 제한적이고 쓰러지거나 뒹굴면 안 되는 일 우리는 이대로 몽환의 날개를 펴야 한다

처녀성을 잃은 날 붉게 물든 육체의 부서짐을 참아 내

고 몇 날을 뜨거운 통증에 시달려야 했다 내 몸에 맞는 체위를 알 수 없어 쓰러지고 까이며 곳곳에 시커먼 자국이 남고서야 덧 자란 새살은 어떤 상황에서도 꿋꿋하게 버틸 수 있었다

꼭짓점 한순간을 위해 거친 숨소리만큼 뜨거운 가슴에 피 돌림은 시작되고 온몸을 안고 흐르는 땀방울에 희열을 느낄 때쯤 오르가슴은 정점에 닻을 내린다

너릿재 정상 일출!

숨죽이던 햇살은 나뭇가지 사이로 들고 새들의 지저귐에 가뿐한 하루의 시작

정체를 들킨 독소의 행방이 묘연하다

*자전거

거리를 존중해야 하는 간격의 족속

나이 먹을수록 같이 놀아줄 친구가 있어야 한다?
나이 먹을수록 혼자 잘 놀아야 한다?

둘 다 맞는 것 같지만 공통어가 아닌 해독 불가능한 페이지는 모호한 인과관계처럼 오류의 범위를 넘나들 수 있으니 생각을 최소단위로 쪼개보는 것이다

뒷말 맞추기가 취미라면 전자가 즐거움일 것 같고 혼자 즐길 수 있는 취미와 수시로 입을 맞추면 후자가 즐거움일 것 같은, 그러므로 전자는 혼자 할 수 있는 즐거움이 적다는 것이고 후자는 혼자서도 충분히 즐거울 수 있다는

밑절미를 바닥에 깔고 데굴데굴 굴러 진입해도 한없이 멀어질 뿐 좁혀지지 않은 마음의 간격, 겨울날 뭉치면 말랑말랑한 황토고구마 같고 한여름 더위에 버무리면 푹 삶은 감자처럼 마음이 쩍쩍 갈라지는

나는 다랑논에 쟁기질하듯 행간을 나누고 너는 내일 모내기할 논처럼 써레질로 육질을 평평하게 다듬고

‘뭉치면 살고 흩어지면 죽는다’ 철 지난 전우의 우정이고 ‘뭉치면 죽고 흩어지면 산다’ 지금은 코로나 시국

말을 건져 올리는 언어의 탁발승들, 화기애애하다 누군가 화장실 가면 허리춤을 풀기도 전에 오물을 통째 쏟아내고 돌아오면 요변하여 철퍼덕 오물을 방석처럼 깔고 확 바뀐 웃음으로 더욱 뜨겁게 화기애애

뒷담화에 저당 잡힌 귀를 소금물로 쏴쏴 헹구다 즉, 너는 걸쭉한 입이 있으나 나는 팔랑한 귀가 없으니 시간과 마음과 생각이 소모되지 않기를

좌우지간 변이의 속성은 연속성이 없다는 것이니 기쁨을 무게로 달 수 없고 슬픔을 자로 잴 수 없는 것처럼 다름을 인정해야 평온해지는

투명과 불투명의 관계처럼 경계境界를 경계警戒하는 따뜻한 미소

곡선의 마음으로도 어쩔 수 없는 거리를 존중해야 하는 간격의 족속

꽃피는 춘삼월*
- 입춘대길

얼굴만큼 따뜻한 곳은 아니네

뭍 사내의 두근거리는 가슴의 징표라도 되는 듯 '꽃피는 춘삼월' 처마 끝에 고드름 꼿꼿한 혈기를 모아 뼈대 없는 성을 쌓았네

입춘이라는 생경한 이름이 호명되자 간절히 기다려도 오지 않던 그녀는 살랑살랑 봄바람을 끌고 와 곳곳을 쓰다듬으며 방싯거리네

배려配慮와 배려背戾의 어이없는 관계처럼 영원할 것 같으나 영원하지 않은 사랑 거부할 수 없는 시간을 품고 등을 마주하네

'꽃피는 춘삼월' 처마 끝에 고드름 겹겹이 묻어둔 남男심을 촉촉히 적시네

그대여, 철 지난 냉기를 데리고 떠나다오

두려움을 알 수 없는 아이가 환한 웃음으로 걸음마 하듯, 사붓사붓 움트는 연한 봄이 첫발을 딛는 순간 나 이제, 맨발로 마중하겠네

겨우내 마음을 졸였던 우리 따끈한 한잔의 차에 입술 묻고 환하게 낯붉히는 벚꽃을 그리며 봄을 채록하겠네

*광주 동구 너릿재 언저리 찻집

무희의 꿈

슈즈 끈을 조인다

경쾌한 기타 선율이 흐르고
심호흡이 단전에 머무는 순간 막이 오른다

탱탱한 성문聲門이 조금씩 열리고
회심이 서서히 가벼운 곡선을 따라 허공을 향하는 순간
화음 아래 모아둔 스텝을 가볍게 밀어낸다

우긋한 눈 속 떨림은 텔레파시의 침묵인가
화사한 웃음은 본능만 남겨진 노예의 흔적처럼 뜨겁다

한 방향을 향한 호흡
짧은 절도와 긴 부드러움의 절묘함
곧은 상체와 힙의 움직임
아름다운 룸바의 춤사위는 학의 날개처럼 우아하다

두 날개가 하나 되는 피날레
얼얼한 순간을 학의 날개에 감추고
여백의 삶은 잠시 여인으로 살고픈

두물머리*

천만 송이 수련 품고 그곳에서 만날까
일생을 탕진하고도 낯설게 떠도는 영혼끼리
갈바람이래도 좋고 황포 돛배라도 좋아
강준치 꼬리에 소망 싣고 천 리 수맥 따라 오르고 올라 묵언의 안개 속 피안의 상념 털어 내고 숫 강과 암 강이 도도하게 합일하는 그곳에

농아인 양 침묵만이 에돌다 흩어진 잿빛 고요
묵상을 펼치자 훑고 지나간 뜨거운 정이 역류하고 먼지처럼 부유하는 길흉
혀끝을 누르는 모스부호보다 애절한 언어의 서곡 이제 지친 마음 데워보면 어떨까

탕진한 세월을 붙들고 뜨겁게 속살 섞는 해후
한 생 가볍게 수렴하고 낙엽처럼 떠나보낸 누군가를 끌어안고 묻지 않은 굳은 사연 말하고픈

웃음보다 뜨거운 강

*북한강(숫 강)과 남한강(암 강)이 합류하는 지점

아스라한 인연을 생각하다, 문득

인연의 속 뜰에 살금살금 기어들자 기어코 줄줄이 소환된 피고들

가끔, 스침과 이별을 동의어 범주에 넣어야 하나 깊게 생각한 적이 있네 그들은 무수히 내리던 별들처럼 가벼이 들더니 당연한 불가능을 가능의 족보에 끼우더니 과부하가 걸리기도 전에 연기처럼 사라지네 꽁무니를 갈무리할 틈도 없이

걸쭉한 농도를 탄력 있게 유지하지 못한 채 말캉하게 변한 한도를 초과한 마음, 순도가 탁해 멀미 난 사랑은 그렇게 또는 이렇게

줄줄 흘러내린 고무바지처럼 헐렁하지만 뜨겁고 치열했던, 거품처럼 사라진 먼 인연에 대하여 생각을 모은다는 것은 잊히지 않은 흔적에 감사할 줄 아는 나이 탓이네

언젠가는 스스로 잊히는 것들의 애욕
상큼한 웃음 깃을 날리며 유유히 스치는
잘못 채워진 단추가 툭,

너는 나의 유죄

난생처음 구급차에 올라 비상 울림을 듣는다

친절한 구급대원의 손길이 따뜻하다

먼 길을 헤매는 영혼 한 조각 불러보았다 '괜찮냐고'

왼쪽 가슴에 노란 명찰이 달렸다
22글자의 표식만이 오늘의 나, 그 외에 아무것도 필요 없는 이곳
링거가 꽂히고
문진이 시작되고
병력을 소개하고
그리고, 한없이 꺼지는 몸을 붙들고 눈을 감았다

천장 회오리가 다소 잠잠해지자 약의 효능을 알게 되었고 구체적이고도 꼼꼼한 스캔이 시작되었다

CT, MRI 흔하디흔한 용어 앞에 처음이란 참으로 또렷한 생소함이다
한번은 속속 들여다보고 싶었는데 내친김에 알고 가는 것이다

다양한 색깔의 음량을 수용하는 것도 심심하지 않다
두드리는 소리마다 내 삶의 치적을 논할 것이고
이 귀마개를 쉽사리 통과한 나머지는
또 다른 슬픔을 나을 것이다

둔덕진 가슴은 두려움도 떨림도 없이 그저

속속들이 두드리고 털어도 증거가 될만한 단서가 없고
과로가 겹친 어지럼증인가 싶다는 의사의 소견

과로? 일?
운동하고 책 보고 글을 쓴 것 외에는

범인을 현장에서 체포했다
날밤을 함께 비튼 무라카미 하루키*

*색채가 없는 다자키 쓰쿠루와 그가 순례를 떠난 해의 저자

녹음을 향한 궁사의 깃털

명주실에 혼을 담은 궁사의 떨림은 과녁에 꽂힐 엇갈린

운명만큼 탱탱하다

진을 뺀 굴참나무 종일 뜨거운 불맛에 지쳐 유연해지고

편협된 세상에 도구가 되어 희망과 두려움을 모아

묵언 자를 향해 시위를 수없이 당긴다

미물의 형상들

짙푸른 숲을 이루거나 이름도 없이 땅에 묻히거나

어쩌다 전열을 이탈한 병사가 되거나

바람을 움켜쥔 깃털

활의 귀환은 공간을 날아 붙잡힌 작은 점 하나

점들은 쌓여 거대한 녹음을 이루고

삶은 그저 스치는 바람일 뿐

깃털로 어우러진 굴참나무 아래서 나는

비명조차 지르지 못한 시간을 뭉개 버렸다

배꼽피어싱

산모와 태아를 배려하는 인권분만실

태교로 들려주던 바흐에 칸타타 첼로 독주가 흐르고 영롱한 세상을 향한 은은한 조명과 그네와 짐볼과 자유로운 움직임

산모의 겁먹은 눈에 번개가 내리고 환희의 순간, 때리지 않아도 일성으로 안녕을 알리고 아빠는 떨린 손으로 탯줄을 자르지

태생의 근원이 궁금할 때 간신히 찾아낸 배꼽
참외 꽁지 닮았다고 웃지 말아 줄래?
난생으로 태어나지 않아 별명은 흔적기관이야

아름다운 명곡이 바흐를 찾아 억만년의 세월을 떠돌다 탄생한 것처럼 끈끈한 탯줄은 성역의 가교였나

은적의 모습에 보석 같은 꽃이 피고
배꼽 피어싱은 태생을 확인시키는 주술 같은 거

생일, 그 거룩한 성

영혼을 저당 잡힌 축포가 쏟아지네

오래전 오늘, 어둠 살포시 내리는 낮과 밤 사이 매섭게 꽁꽁 얼어붙은 도랑 옆 공터에는 떠돌다 흘러드는 자그마한 가설극장이 세워지고 쩌렁쩌렁 울리는 스피커에서 흘러나오는 유혹의 명대사 '눈물 없이는…'

갯 김을 채취한 꽁꽁 언 손을 녹일 새도 없이 미온의 겨드랑이를 온기 삼아 팔짱 낀 행렬은 이어지고 드디어 뜨거운 환호와 함께 영화가 시작되는 순간 유성처럼 날아든 신생별

별이 떨어진 시時를 물어도 그것은 알 수 없고 영화가 시작된 시간이라고 엄마는 늘 힘주어 말하네

터덜거린 삶을 살다가도 귀소 본능은 용케도 소환의 귀재가 되어 비틀거리고 일 년의 한 번은 진지한 토렴으로 가슴은 뜨겁고 반성의 시간은 지루하게 따끔거리네

생명, 이 밤 한가득 거룩한 성을 오르네

외로움에 대하여

바지 주머니에 두 손 꾹 처박고 짝다리로 건들거리는 건달들처럼 힘을 풀지 않은 두 실체를 들여다보네

기울기가 다르지만 편향된 구석은 찾을 수 없고 마음과 정성을 다해 서로를 의지하며 다정한 숙주임을 확인하네

자신을 투영하는 리얼 생명체인 것을 잊고 외지에서 불어 드는 스산한 불청객쯤으로 대응하기 쉬운 정체불명의 또 다른 나, 그의 전신을 오독하는 일은 삶의 진실을 부정하는 일이고 남은 생을 자연스럽게 밀쳐내는 야박의 산물 본성의 저편에 가느다란 햇살이 비추네

분리될 수 없음을 알면서도 서로를 망각하고 싶을 때, 기억의 모서리까지 순간을 미분하지만 결국 수용하고 마는 절대적 강적

때로는 송두리째 과거를 소환해 끈덕지게 책임 여부를 묻고 판사 앞에 선 겁많은 죄인처럼 머리 조이게 하는 진실의 선봉자

낯익은 쓸쓸함을 견디는 것이 무위의 삶이라면 슬픔 한 조각 깨물고 진지하게 도생해야 하는 우리

깨달음의 경지가 있다면 스스로 길들어진 외로움과 친해지는 것이네 다정한 네 개의 발자국을 남기고 통속하듯 청빈한 눈 위를 정답게 걷는 것이네

바람의 습관

허공에 링을 두고 정념에 사로잡힌 사내
야성을 허물고 가을을 누비네

인적 드문 외딴곳, 상큼한 새벽을 안고 나타난 넓은 어깨의 평평한 그
무더기 낙엽 속을 뒹굴다 홀연히 떠나왔을
이따금 달리하는 표정술은 극과 극의 한계점 싹쓸바람이거나 계절풍이거나 무풍이거나

어스름 길을 용케 찾아와 그는 그의 길을 가고 나는 나의 길을 가네
제자리에 서면 같이 서고 뛰면 따라 뛰는 수동적 반응으로 위무하는 몸짓. 완악한 구석은 어디에도 없고 안을 수도 없는 부드러움

야윈 살빛을 포근하게 휘감은
넌, 넌 낯익은 입술에 기대는 바람의 습관

음과 양의 조화는 다양한 삶의 조각을 잉태하는 설레임 또는 무엇

지긋한 눈빛

허황한 공터에 미온적인 눈빛이 머문다

따뜻한 농도의 적정 비율은 늘 생각을 겉돌고 조금의 희망과 커다란 의무만 따갑게 절충을 시도하며 머뭇거린다

보이지 않은 음울의 지대는 보폭을 좁히지 못하고 가느다란 기다림이 존재할 뿐, 서투른 걸음은 가림막을 사이에 두고 주춤거린다

신뢰를 상실한 관계는 얼마간의 유예기간이 필요할까
오로라 커튼에 가려진 암호처럼 끝내 실익 없는 침묵만 낮게 흐른다

무관심은 관심의 반증일까
한 뼘도 되지 않은 마음의 각을 풀고 둥 굴려야 한다
존재 유 무는 오로지 진실만이 오류를 범하지 않지만, 진정으로 변하는 모습 또한 아름답지 않은가
어둠이 빛을 발하는 순간, 그 한순간을 위하여

지긋한 눈빛을 주고 기다리는 것이다

따스한 안녕

구름 한 점 없는 말캉한 봄의 초입 그녀가 많이 아프네

눈에 밟힌 가시처럼 그놈은 아주 작지만 보기와 달리 성깔이 좋지 않다는, 내시경 사진을 째려보다 단지斷指한 손가락은 망설임도 없이 말끔하게 본연으로 돌려놓고 싶었어 그럴 수만 있다면 아무런 흔적 없이

별일 아니라고 말해 놓고 속내는 별일 아님이 아닐 때 부드럽게 스치는 봄바람이면 좋겠다 싶어

캄캄한 이 길 또한 지나갈 일이지만 고비고비를 넘겨온 시간처럼 애타게 마음을 모아야 하는 일

오늘이라 불리는 시간 속에 오롯이 떨고 있는 가슴을 쓸어줄 뿐

어둠이 스며든 묵직한 말을 외면하듯 꺼내는 소소한 웃음 짓은 쓸쓸하네

내일은 내일의 날개를 펴듯이 따뜻한 봄처럼 새롭게 날았으면 좋겠네

3

봄, 바람에 기울다

주암호 안개는 여전히 포근합니다

밤새도록 그리운 것이 있습니다 서둘러 새벽길을 나서다 토닥거린 마음의 문을 두드립니다 왜 그러냐고, 무엇이 헛헛해 이렇게 서두르는 것이냐고

이즘, 대원사 주변은 벚꽃으로 인산인해를 이루지만 벙글거린 벚꽃은 덤이고 글썽이던 마음 둥둥 던져둔 강물 부딪치는 환청 따라 기우는 걸음입니다

옛길이라 불리는 이곳에 주암호가 있고 아늑한 물안개는 지나온 길의 진득한 의지처였지요 이 길을 쭉 따라가면 심장이 무시로 끌려가는 아득한 곳에 탯줄이 묻힌 아늑한 바다가 있습니다

물안개와 반영이 내리는 이곳은 여전히 아름답습니다
시장통을 지나다 생각지도 못한 길인을 만난 것처럼 산허리를 자르는 물안개는 필시 오늘의 행운 발입니다
한때, 삶의 무게를 견디지 못하고 지친 무릎을 꿇을 때, 얼굴을 감싸며 가는 손목을 끌어 주었지요

그리움도 때가 있는지 불쑥 찾아와 새벽길을 재촉합니다 갓밝이 데이트는 벚꽃에 안겨 황홀합니다

봄, 바람에 기울다

들 볕도 온기를 잃은 황량한 선교마을

은륜은 살얼음을 겉돌고 힘없이 거푸 뒹구는데, 파리한 벚나무 터널을 묵묵하게 따라 오르는 겨울 사내

민얼굴을 만져주고 가볍게 키스하고 싶으나 아직은 머릿속이 얼얼하고 바람결이 말랑하지 않네

오르막 가장자리 새침한 애목련의 시린 발목을 붙들고 떠나지 못하는 잔설, 못내 아쉬운 이별의 순간 말 못 한 고백이 있어 헤어짐의 순간을 서툴게 할지라도 사랑과 헤어짐은 끈끈한 기다림의 배후 같은 거

헐벗은 유목민의 자유는 선택한 쪽의 기울기에 머무는 것처럼 이제 연한 마음은 부드러운 소리를 듣고 따뜻한 마음을 붙드네

뜨겁게 굴렸던 페달의 흔적을 남기고 흔들리는 봄을 담아내는 것은

그저, 끈끈한 기다림이네

오랜만에 다시 붓을 들었네

붓끝을 타고 느른한 봄물이 스미네

주인을 잃고도 자리를 뜨지 못한 이젤 위에는 수채화와 인물화가 놓여있고 그들의 맑은 영혼은 찻잔을 들고 배회하는 그녀를 한없는 눈빛으로 유혹하네

거미줄처럼 꼬옥 붙들어야 하는데 잠시 놓은 연줄은 덜컥 끊어지고 어제 같은 몇 년이 흐르네

달뜬 시간은 시답잖은 인연처럼 먼 길을 서성이며 뭉개더니 이제 신호를 감지했네 글을 짓는 것도 별 재미가 없고 올해는 그림을 그리고 놀자며 기꺼이 생각했지만 먹고 사는 일이 아닌 것들은 늘 긴장감을 잊고 머뭇거리네

평범한 풍경처럼 조금은 더디고 서먹서먹해도 매우 가뿐한 날 서로의 그리움처럼 이젤 위에 새로운 스케치북을 올리고 의미적인 순간을 맞이하네

잘 놀아야 하는 일, 노는 것도 심심할 때가 오면 난 이들을 불러 모아 팬티만 입고도 불편하지 않은 배꼽 친구와 유유자적 낯익은 비취색과 청록과 옛정이 뭉텅뭉텅 떠다니는 바다와 벗이 되려네

세 송이의 장미를 섬처럼 붙들고 세 시간을 놀았네

몸이 말하는 것

갯내음 물씬한 바다 한 상 출렁인다

텁텁한 입맛이 부른 박대와 양태
바짝 마른 그리움을 고명처럼 올려 채반에 노릇노릇 쪄낸다
입안에 짭조름한 추상의 맛이 고이자 똬리를 틀던 외로움이 유년의 한 소절 훅, 불러들인다

훤히 불 밝힌 마당에는 현실을 외면하고픈 눈빛들이 대롱대롱 그물에 달린 채 펼쳐지고
왁자한 밤이 지나면 고무다라이 가득 푸진 생선, 샛서방한테 살짝 준다는 군평선이도 한 몫이다

흰쌀밥보다 생선이 흔하던 시절은 신기하리만큼 망각의 대로에 합류하지 못하고 머뭇거리는 비릿한 냄새는 본능에 충실한 후각을 자극하고 기억을 더듬는 습관은 늘 미각으로 맞이한다

미완의 삶이 끝날 때까지 영영 떠나지 않을
감히 변할 수 없는 태생의 뿌리

블랙홀

동면에서 갓 깨어난 노면의 살결은 수많은 상흔을 안고 귓바퀴에 안기는 봄의 소리를 듣네
냉한 마음이 따스함에 말을 걸듯 여린 마음끼리 기대고 싶을 때가 있지
마치, 갈 곳 없어 시름 거리는 가냘픈 청춘처럼

연약함의 절규란 때론, 간이 부은 듯 강한 상대와 맞붙고 싶으나 무자비하게 뭉개고 지나는 발자국, 기선은 한 방에 꺾이고 숨돌릴 틈도 없이 냉해 입은 가슴은 바스락거린 낙엽처럼 흩어지네
움푹 파인 아픔을 외면하고 무심하게 지나다 엇물린 자전거 바퀴는 함몰된 가슴을 짓밟고 유유하지 못한 아픔을 함께하네
무릎을 헌납하고 늘 그랬던 것처럼 피하지 못한 인연에 대하여 생각하네

꽃샘바람과 고추바람, 햇살과 그늘, 그 사이를 가로지르는 모호한 경계
엉거주춤 따뜻한 햇살은 빈 주머니를 털어 할 말 잃은 궁색한 입속에 미소 한입 물려 주고 덧난 그들의 등을 쓰다듬네

꽃그늘

고운 얼굴에 그늘 한 섬이네

지난한 삶을 송두리째 끌고 와 푸서리 가득한 가슴을 헐어 푸념을 꾸역꾸역 덧칠하는 새댁, 말로 하는 위로가 무슨 소용일까 싶어 머리카락 한 올 한 올 들추며 사연을 듣기로 했네

약이 없는 스트레스, 처방전은 기분 전환이 최고라 명료하게 적고 유행을 모아 뷰티 디자인을 시작했네

모발은 갈색 더블브리치로 교체하고 미니멀한 갈색 코트에 꽃무늬 스커트로 디자인했네 액세서리 요소에 맞추고 분절된 마음 까지 보듬고 나니 사각 그늘에 갇혔던 모습은 사라지고 환하게 웃는 모습이 곱고 사랑스럽네

뒤돌아볼 여유도 훈훈한 마음도 없이 옹이 박힌 길을 동동거리며 지내는 것도 한 시절 지성의 꽃을 피우는 간절함이라고, 꽃길만 걷길 소원해도 피할 수 없는 겨울 도랑 바짓가랑이 걷어 올리고 담담하게 건널 수 있기를

저기, 조심스레 얼굴을 내미는 새뜻한 꽃망울

유행
- 신춘문예 작품에 관하여

도서 반납대에 겉도는 언어를 욱여넣고 떨어지지 않은 발길
희비의 덧거리를 덜컹 삼킨다

울대를 넘어선 어기찬 언어는 멈춰선 생각을 놓지 않고
어눌한 눈빛의 떨림은 껌뻑껌뻑 테이프를 재생한다

싸늘한 콧등을 만지는 일은 조금도 두렵지 않아 배면의 온기가 더 가까우니
그것보다는 관념적인 언어의 정체성과
귀에 쏙쏙 감겨들지 않으나 습득해야 할 언어
특립의 묘약을 생각하다 문득, 철 지난 창작 보따리를 만지작거린다

창작 불변의 염원 같은 원칙은 유행의 심장으로 호흡하는 오묘한 진리, 꽃술에 묻힌 벌들의 노독처럼 밤새 언어의 구심점을 찾아 헤맨다

슬슬 글이나 쓰며 놀자던 가당찮은 속내는 망설이기를 수십 차례 깊게 여민 매듭 속의 시간을 저울질한다
또다시! 또다시?

봄의 갓길에 버려진 잡풀처럼 이내 시들고 마는

세를 자랑하며 떠도는 잡히지 않은 언어의 유희
장미가 지고 능소화가 피는 것처럼
벌 춤 추듯 받아들여야 한다는 것을 알고 있어서 더 먹먹한 두려움인지 모른다

얼렁뚱땅 담근 발목, 이쯤에 슬쩍 뺄까?

기울기는 어느새 난해한 언어를 슬며시 통섭하고
너의 내가 나의 너를
언문으로 쓴 왕비의 교서처럼 공손히 받들고

현대시를 해체 중이다

청춘백서

눈부시게 환한 벚꽃
라이딩을 핑계 삼아 문성고 오르막을 오른다

교복 단추를 풀고 건들건들 어깨를 흔들며 교문을 나오는 앳된 모습과 나란히 끌려온 추억은 헉헉거리며 자전거 바퀴를 업고 구른다
샌님처럼 교복 단추를 꽉 채우고 버스에서 내리던 코끝도 입술도 밋밋한 따뜻한 미소에 희미한 기억은 회로를 멈춘다

가끔, 아주 가끔은 뛟은 고백도 하지 못한 얼굴을 떠올리며 유효 기간이 한참 지나 침낭 끝에 묻어둔 미련이란 조각을 홀랑 뒤집어본다

괜찮았을까? 그 친구라면, 변하지 않은 전제는 어디에도 없는데 무엇이 괜찮은 건지 의문스러운 부호를 간직한 채 한마디 툭, 던진다

여리고 상큼한
떠날 줄 모르고 뱅그르르 안기는 청춘

구석, 칠면조의 깔맞춤

폼나는 자리를 잉태한 필요 불가결한 존재 비상을 꿈꾸는 현란한 배열은 허상일 뿐이다
꼰지발로도 햇빛을 볼 수 없는 눅눅함, 음습의 자리는 화구를 안고 어설픈 내일을 그린다
책장과 책장 사이, 에너지가 필요한 도구들의 기착지 슬쩍 로봇청소기가 다녀간다

어느 날, 공예가의 숨결을 안고 꿈처럼 내게 온 모로 휘어진 민무늬 비대칭 화항, 계절과 분위기에 따라 꽃으로 치장하고 칠면조처럼 화려함을 뽐낸다

봄에는 매화꽃 애틋함을 걸치고 여름에는 불보라 수국에 젖어 민낯의 슬픔 따윈 잊힌 지 오래

어둠을 감춘 잉여의 시간, 농부 포스로 다가온 그녀의 품에 한 아름 가을이 안겨 있다 폴폴 날리는 푸들과 억새, 그녀의 눈총을 묵묵히 안고 살아남은 생광의 존재들 어쩌면 우리는 뿌리가 같을지 모른다

수국이 떠난 자리 풍요로 채색된 깔맞춤
화사한 배후에 채우지 못한 낯가림 성글 거린다

치유의 숲길을 서성이는 영혼

참 많이 아팠겠네

편견을 견디며 편견의 밥을 먹고 편견의 잠을 자고 하루가 멀게 큰소리 나는 집은 집이 아니었으므로 끝내 가출하고 마는 불량한 아이

너끈하게 어른 일을 해야 밥을 먹을 수 있어 초인의 힘을 발휘하며 어른들의 칭찬을 먹고 자란 겁 없는 아이

열여덟에 구미 산업단지에 투하되어 공장노동자로 살다 기숙사 사감이 된 아이

사랑받지 못해 사랑하는 방법조차 서툴러 사랑을 할 때도 사랑을 놓을 때도 마치, 일벌처럼 성실했고 심연에서 헤어날 수 없는 음울의 순간에도 쌀독을 고봉으로 채워야 했던

대인기피증에 시달리면서도 일을 놓을 수 없었던 만년 가장

끝내, 세상의 모든 인연을 버리고 마는

두려운 미지의 길
고아처럼 떠돌다 흰 연기로 사라진 그의 영혼은 평안한지

서귀포 호근동 치유의 숲 장승 옆에 떠돌다 모여든 불온한 상흔들
자라지 못한 흔적을 돌아보는 것은 피차 못 할 일이니 이제 평강의 길에 들라

그 길 위에서는 누구나 잘 익은 슬픔 하나 떨구고 그냥 저냥

'반려동물 돌앙 오지랑 말게 양'
'먹을꺼랑 가져오지 말게 양'
'돗지 말앙 솔솔 갑 써' 이런 것들이나 보고 외우면서

완도 명사십리

울모래등은 갈바람의 품에서 흔들린다

미혹의 문을 열지 못한 바람은

파도의 선율마저 거칠게 하고 모래와 합뜨린다

동전의 양면처럼

생의 기울기는 언제나 뜨겁고 치열한 쪽에 머문다

얼마나 많은 시간을 참아야 눈부시게 은빛 날개를 펼까

살집 뜯기는 처절한 몸부림이 십 리를 흔들고

산산이 부서짐은 싸늘한 과거세의 흔적

태양과 바람과 밀물의 온기 그러나 쌓지 못한 모래성

나는 또다시 한 점 모래가 되어

회오리바람에 몸을 싣고 느슨한 마음을 동여맨다

시인 같은 시인이 되고자 무 젖어 살아가는 것

모래 우는 소리 십리 밖

앵두 나목의 환생

하, 따뜻한 추억의 길섶

백설처럼 흰 꽃도 사랑의 붉은 열매도 웃음을 파는 관상의 핏줄인가

고샅 울 치며 맛 들인 아이들 와글대고
말매미 성근 울음 뿜어대던 성토의 장
내생 비록 짧지만 진정 너는 너답게 나는 나답게 살았구나

훌렁훌렁 지나버린 부재의 시간
같은 해 같은 자리 마음 깃 세우고 찾아든 내력을 묻지 말자
툭툭, 속살 틔운 검갈색 수피의 뜨거운 내의
알알이 붉은 앵두만큼 지열은 타오른다

사부작사부작 스치는 바람 따라 몸피를 떠난 자유
수척해진 손 잡고 윤무의 막을 올려볼까나

온몸을 태우는 앵두나무
조락의 뜰을 지나 육화로 환생하리니

방랑의 길손

바람의 언덕 어디쯤 유성이 쏟아지고
궤도를 이탈한 별똥별은 맑은 곳 어디든 날아든다

계절을 앞 세우고 알알이 떠도는 내력을 묻자
생은 본디 방랑의 씨앗이라 뻐긴다

자유를 억압한 굴레의 피동은 종이보다 얇지만 때로는 소소한 기쁨으로 때로는 눅눅한 아픔으로 자조의 성을 너끈히 넘지 못한다

이제, 벽을 허물고 능동의 날개로 날아야 한다

아주 가끔 통곡마저 내밀한 통로에 막혀 소리 없는 질곡의 밤을 지날 때, 변방을 떠돌다 붉게 숙성된 가슴 안고 타오를 때, 어둠과 빛을 따라 혼재한 시간은 허무하리만치 가볍게 흐른다

의미 깊은 삶의 조각들
그 아래 다소곳이 덧없음이란 부재를 달아본다

낙엽, 아름다운 추락

이토록 가볍고 아름다운 추락이 있을까

나비의 날개를 차용하자 바닥의 지표는 달라지고
솔래솔래 흐르는 가늠할 수 없는 한량 함
애초 우리는 무게를 달지 말아야 했어

기다리지 않아도 한달음에 오고 무척 아쉬울 것 같으나 가볍게 보낼 수 있는 호환의 계절, 눈물샘이 마르도록 견뎌야 했던 노숙의 시간은 빛나고 있어

손편지의 안부를 묻는 것도 헤어짐으로 인한 그리움이고 아스라한 기다림도 끝내 돌아온다는 한 가닥 애절함인지라 가고 오는 것에 뿌리를 내어주지 않음은 그리움의 철학이야

연푸른 아이처럼 찾아와 어느새 노랗게 치장하고 돌아선 은행잎 하나 받들고 눅진한 생의 내력을 묻고 싶어

먼지보다 가볍게 사라진 날들
가뿐한 발길은 왔던 길을 돌아보지 않아

저곳에 무지개가 있지

어느 날, 세상 참 냉정하고 만만치 않다고 생각한 적 있지
빈티지 차림의 그의 어깨가 가늘게 떨렸다

여운이랄 것도 없는 가직한 쓸쓸함
펼쳐진 차렵을 끌어안고 희망을 교직한다

여러 빛깔을 홈질하며 방랑으로 무지개 꿈을 그리는 걸까 얼마나 어기차게 날아야 가멸찬 통 큰 손에 옴싹 닿을지

묵직한 외로움을 앞에 두고 소주 한 잔에 앙금 비우듯 흉금을 덜어내는 것이다
알딸딸함으로 숙성된 가슴 흠뻑 적시고 긴 시간 함께한 외로움을 일곱 색깔 꿈으로 채색하는 것이다

함부로 겉장을 들춰서도 나눌 수도 없는 인생
그 가없는 행위는 바닥에 누운 낙엽처럼 외로움을 삭히는 서글픈 의식이 아니던가

쓸쓸함의 사촌쯤 되는 외로움은 종착역에서 빛날 일곱 빛깔 무지개

어떤 꽃에 대한 감정

-연자육

성큼 당도한 가을

감미로운 태양을 애무하며 화수花穗는 맨몸으로 하늘을 받들고 다산의 굳은 의지는 묵언 수행 중이다

어디론가 사라진 간드러진 시선
붉은 파동은 퇴로의 벽을 허물고 서서히 기운다

적막한 수면 위를 살포시 거닌 기러기
몽글린 씨앗 까맣게 영글어 간다

백 년을 기다림에 깨어난 넌, 수행을 깨는 신비의 수수께끼

치우치지 않은 올곧은 침묵은 평정심을 잃지 않고 그늘을 만들지 않을 심지 하나 밝히는 일

영원해야 하나 그러지 못한 요원한 일상

뜨거운 연육차에 심신을 다독인다

가을날의 페스티벌

갈무리 한창인 미동 수목원*은 고요한 듯 부산합니다

견뎌온 시간을 형형색색 추렴하는 낙엽의 수런거림
종족 번식을 수행하는 열매의 유혹은
핏물 고인 듯 붉어 숙연하게 생물의 일대기를 생각합니다
피할 수 없는 본질을 그늘에 묻고
묵묵하게 참아 온 삶을 위해 위로의 페스티벌을 열어주면 어떨까 생각합니다

댓바람에 영혼을 스쳐 온 명곡을 흥얼거립니다

트럼펫을 부를 수 있다면 한 자리에 흰 발목을 묻고
새벽부터 해거름까지 애절한 마음을 담아 연주하고 싶습니다

너를 위하여, 나를 위하여
산야의 모든 생명을 위하여

*청주시 상당구 미원면 동쪽에 위치

낙엽 아래 엎드리다

사방이 낙엽 뒹구는 소리로 수런거리네
삭쟁이 되어버린 몸
다칠세라 피해 보지만 어느새 발아래 넙적 엎드리네

아서라
너를 밟고 넘어설 자신이 없네
누구에게도 등을 내어준 적 없고 디딤돌 되어준 적 없으니

애정의 눈빛으로 바라보지 말아라
누구에게도 뜨거운 가슴 나눠주지 못했으니

기어이 너의 가슴에 머리 묻고 통한의 반성문이라도 쓰기를 원하는가

불면 날아갈 듯 가벼운 삶을 살아낸 자의 도도함인가

맑고 고운 너의 영혼을 밟느니
차라리 쓰다 남은 나의 허름한 영육이나마 너의 버팀돌이 되리니

자리를 탈출한 디스크

요추라는 이름을 누가 지었나요
태탱한 젊음을 녹여 이름값의 도금 하느라
그만, 디스크가 의무방어선을 일탈해 요렇게 추하게 변했어요

가진 것이라곤 방울 두 쪽 가장家長이 가장假裝이 될 때 비극의 주인공이 될 수 있겠다 싶기도 하고 가장이 남편의 높임말이라니 어느 시대의 말씀인지요

언제부턴가 바지게 가득 돌탑이 쌓여만 갔어요
버티고 지지하는 작대기도, 애써 들이댄 가벼운 등짝도 힘이 달리기는 마찬가지 드리핑 파울로 넘어져 이마가 붉게 까였어요 어디 그뿐인가요 돌무덤 속에 갇혀 곤죽이 되어 반 죽다 살아났어요
넘어진 김에 일어나기를 거부하고, 머뭇거리는 더듬이처럼 먼 기억을 소환했어요 고모 등에 껌딱지처럼 붙어 지낼 때, 울 고모 허리는 탄력 좋은 스프링보드인 줄 착각하고 냅다 뛰어도 되는 줄 알았는데 어쩌죠?

문득, 구부린 등을 떠올리며 한달음에 달려가 포물선처럼 휘어진 고모 가슴에 앵기고 싶은 얼얼한 밤이네요

4

또 하나의 기록

또 하나의 거룩

어스름을 헤치며 허기진 사람처럼 페달을 밟는다

구겨 감긴 마음 펼치려면 싸늘한 듯 가벼운 바람이 명약이 추위에 한소끔 등줄기를 흐르는 땀이면 덤인 듯 더할 나위 없고

성에 품에 흐드러진 동백
애처롭다, 손끝으로 살살 털자 툭, 투두둑
얼마나 많은 인연이 기척 없이 사라진 걸까
알싸한 코끝을 스치는 인연
먼발치서 그리워한 인연
가슴에 커다란 파문 안겨주고 떠난 인연

세월은 참 다정해서 가끔 날아온 그대의 안부가 반갑고 지지리 쓰린 날 선 가슴도 봄볕에 눈 녹아내리듯 따뜻하니

감사한 마음 담아
내 탓이요, 내 탓이요, 내 탓이요
오늘은 거룩한 크리스마스

하늘 위의 도솔암

운무에 걸린 달마산 하늘 끝에 닿으려나

구름 깃에 스며들 듯 선경의 오솔길 걸음걸음 호위하는 조릿대와 영롱한 진달래꽃, 비조화 속 조화로움은 은근한 매력을 풍기고 외길에서 만난 석 장의 기왓장에는 흐릿하게 새겨진 이정표와 어느 화가의 느릿느릿한 여정이 보일 듯 말 듯 설픗 헷갈리는 리얼 도솔암

석문을 들어서자 자연과 합체를 이룬 아담한 암자
수피에 깊게 주름진 팽나무 한 그루 추녀를 받들고 수도자의 고행을 벗 삼은 서투른 동거는 아담한 천년의 기도 도량의 향기였으리

태생 전, 어느 별자리를 떠돌다 떨어진 유채는 도솔천의 정적을 부리며 호언 지휘하는지 가느다란 깨달음의 해후는 비단 도인의 몫뿐이겠는가

한껏 목을 젖히고 하늘을 우러른 솟대 하나
꿈에 그린 편린을 찾아 다복한 풍광을 누리고 호화롭게 넘치는 마음
천년 옛길 해남 땅끝에 덧대보네

부처님 오시는 날
-이고離苦의 길

금탑사* 가는 길

가로수에 매달린 연등은 잃은 길을 안내하고 찾아드는 기러기는 솔바람에 휘청인다

이쯤이면 가뭇없는 생각은 한 곳에 애달프게 머문다

사월 초파일이 오면 만사를 제치고 뻘건 꽃무늬보자기에 쌀 서너 되 고봉을 정갈하게 담고 가난을 담보로 대출한 구겨진 몇 장의 지폐를 비장하게 챙겨 새벽녘에 천등산을 올랐을 그녀

배고프고 씁쓸한 시집살이도 아들 없는 설움에 비할까,
끝내 기도발이 닿지 않았던지 허물어진 상처는 길이길이 널처럼 뛰어도 아물지 않았다

삼신할머니도 미안했는지 후하게 점지한 실한 딸들
눈치껏 일도 공부도 사내보다 더 잘해야 했다

"오메! 셋 중 한 명 만 아들이면 좋것다"
오지랖 섞인 총질에 힘없이 무너지는 그녀의 내피는

성할 날이 없어 가끔, 원반처럼 날아간 양은 대야는 감나무 밑에 찌그러져 졸다, 잠들다

아슴푸레한 가슴을 열고 철쭉꽃 흐드러진 천등산을 맴돌다 해풍에 실려 간 그녀의 족적을 따라 바람도 쉬어 갈 비자림 숲을 오른다

내 어머니의 서슬 퍼런 가슴을 무두질했을 이고離苦의 길
그 끝에서 내가 나를 만난다

"아야, 딸들이 최고다야" 호방하게 웃는 어머니

*고흥군 포두면 천등산, 불탱이 보물 1344호

석양

저물녘 용산체육공원에는 엇갈리는 에너지가 흐르네

인조 잔디가 깔린 축구장에는 해말간 아이들의 폭죽 같은 웃음이, 나무 벤치에는 지는 햇살에 몸을 맡긴 순한 얼굴들이 있네
사라진 시간을 등지고 그늘진 적요를 품은 구겨진 삶, 따스한 마음도 따스한 웃음도 석양만큼 인지 아니면 돌아가는 순간에는 모두가 순해져야 하는지 껌뻑거리는 우묵한 눈길이 부드럽네
곧추선 벚나무를 붙들고 오금에 힘을 주며 골반을 조여봐도 눈썹달처럼 구부린 허리는 펴지지 않고, 스치기만 해도 바람에 쏠리듯 넘어질 것만 같네

말갈기를 바짝 세우고 달려오는 저기 저 무렴한 중년의 사나이 극명한 시간을 앞에 두고 슬몃, 말발굽 소리는 조용해지네

피 붉은 동백처럼 고결한 숨결로 살아온, 배면에 두고 온 익명의 시간을 그리워하며 거부할 수 없는 순한 길을 가네
비늘구름에 가려진 석양처럼 가볍게 저물어 가네

성에
-윤회 성사

빛나는 짧은 생 차갑게 다가올 계절의 마중물이다

마치 본질이 뚜렷하지 않은 간절기 상품처럼
타의 적으로 태어나 사라지는 속성

땅속 깊은 지열 위에
먼발치로 떠오른 긴 햇살 한 줌에
거부할 수 없는 운명은 속절없다

가벼운 떨림으로 몸을 낮춘 윤회의 길

지상을 뜨겁게 포옹하는 거풍거리는 은행잎 위로
어느새 이슬점을 통과한 맑은 성에

돌아가는 길 어디든
지층 깊은 골에 촉촉이 스며든다면
그냥, 가벼이 생의 환멸 거둬갈 수 있겠다

흐르는 시간의 몇만 분의 일 초라도
그리하면 좋겠다

세종대왕 행차요

할머니의 구부린 배가 등짝에 붙었다
애달픈 연륜 같은
한글을 만들던 시절에도 그러했으리라

세월이 끌다 버린 유모차처럼 안과 밖의 엇갈린 자화상

갈바래질 논시밭에 작달비가 내린 뒤
좁혀지지 않은 삶의 간격만큼 종종걸음쳤을 새벽길
등 굽은 노숙의 시간은 힘에 겨운 호밋자루에 깃을 세우고
둔덕 같은 삶을 끌어안은 헐렁한 장화 속 굳은살
몸빼바지로 감춘 뒤틀린 뼈대의 흔들거림은
땅에 ㄱ자로 엎드려 콩이요, 팥이요
글공부 한창이다

'봐라, 어매는 이라고 재미를 본다. 아가, 어매는 지금 꼬추밭이다. 해가 참말로 노루 꽁지만큼 남았다야. 생색내지 말고 노는 것 맹키로 살아라. 어매도 새각시 때사 일이 좋았간디 내가 일선대로 애기들 입에 밥 들어간 게 일허믄 어쨌든 간에 먹인 게 일에 재미를 붙였제'*

제기랄, 그놈의 배는 왜
한때는 죽도록 고파서 힘들고
이제는 입맛이 없어 배가죽이 등걸에 붙는가

굽은 등의 하안거夏安居
얼마나 더 낮은 곳으로 임해야 공덕의 사리로 빛날까

실낱같은 처연함이 늘어선 밭고랑
배리배리** 세종대왕 몸소 왕림하셨다

*장성군 북하면 월성리에서 '용강떡' 윤순덕 어르신, 전라도 닷컴 2008년 7월호
**배틀어지게 야위고 연약한 모양

혹한기

가벼운 햇살에 몸을 맡긴다
이토록 따뜻한 날이 생의 몇 날이나 될까

스캔처럼 고스란히 투영되는 삶, 겁 없는 젊은 패기와 명분을 앞세운 허상은 희망과 목표라는 그럴싸한 이름을 달고 끝없는 가시밭길에 투척 되었다

행운의 로또처럼 거저 허용되지 않은 삶, 불확실성에 무모하게 도전하는 인내의 한계는 늘 유혹의 손길에 기울고 유혹하는 쟁점은 다양하게 취향을 저격한다
그러나, 뒤집기 한판승이 어렵다면 버티기 한판의 유용성을 생각한다

부정을 긍정하는 만약의 심리학처럼 어떤 아림도 흘러버린 시간 속에 버무리면 농도는 얇아지고 나름 따뜻한, 가끔 돌아보며 미소 짓는 애틋한 이유가 되는지

거친 유속의 강을 건너온 부르튼 발목, 이제야 느슨한 시간을 저울질하며 자연을 품고 황송한 마음 가득
어쩌면 삶의 혹한기는 누구나 거쳐 가는 신병훈련소 같은 것

핸드폰의 질량

불편을 가늠하며 무심한 이면을 들여다본다
문득, 더 버려야 할 것이 없음을 깨닫는 데 몇 초 걸리지 않았다

달랑 한 손에 들린 몸통
최후의 통첩도 없이 깡그리 자료를 들고 사라진
끈질기게 말을 건네도 가깝고 먼 교신은 무반응으로 대응한다
갑갑함을 붙들고 맥없이 미소 짓는 반조의 기억
네가 나를 돌아보는 논픽션의 시간이 아니라 오롯이 내가 나를 돌아보는 픽션의 시간

약간의 당혹과 떨떠름한 허전함, 가쁜 호흡을 멈추고 길게 들이마신 맑음처럼 이내 편안해지는

미래에 펼쳐질 또 다른 인생의 암호들
간절함이 있다고 한들 중력의 세기는 아직 작동 오류
질량을 잃어버린 실체는 선택의 미궁을 떠돈다

얇은 막을 사이에 두고 재구성되는 춥거나 따뜻한

일월, 걸구傑句의 사나이

통통하게 살찐 달을 보내고
홀쭉한 몸짓으로 잔잔한 선율 타고 낯익은 사내가 왔다

열두 궁에 새운 삼백육십 다섯 칸
묵직한 시구詩句를 끌고 당찬 유혹의 몸짓으로

혈맹의 동지는 아닐지라도 우정의 동맹이라면 어떨까

허리춤 낮추고 한때의 끈덕진 결기를 소환해
뼛속까지 잠기는 풍성한 시어로 안아줘
좋아 미쳐 영영 돌아서지 못하게 붙들어줘
애면글면 뿌린 씨앗 내피에 힘꼴도록 시리즈로 뿌려줘

채찍처럼 달려든 시린 밤 그 사내
어둠에 쩔쩔매다 빛살 꿈 내리는 밤 그 사내
살몃, 기울어 으스러지게 품어볼까

설익은 가슴에 품은 당찬 일월 여드레의 다짐

잊힘에 대하여
- 존재와 부재

흔적을 엮어 가는 것이 삶일까

찰나의 희열을 품고 피사체를 향한 번뜩임

환희의 눈으로 영민한 머리속에 묶어 두기보다는

파인더 속에 클러즈업된 사물은 빠르고 정확하게 저장된다

의미 너머의 시간

여운이 남은 자리마다 짜릿한 만남이 있고

애써 기억의 저편에 서성이지 않아도 잘 저장된 공간

그러나, 편리함보다 더 소중한 기억의 자리

생의 부재는 존재하는 순간부터 사라지기 시작한 망각의 기능

그리움은 영원하지 못한 편린 같은

존재와 부재 사이에서 기억 너머 소리를 듣는다

슬픔에 관하여
- 눈물의 퍼포먼스

베일에 가린 성처럼 안개비가 내린다
습기 가득한 심지는 몇 날을 불가입성처럼 타달거린다

예기치 않은 상황을 연출한 묵묵하게 짓누른 형체 없는 형체들의 반란

스토커처럼 매달리는 슬픈 영혼을 위한
일생의 세 번이면 족하다는 퍼포먼스가 막을 올린다

되새김하며 맹맹하게 예열된 마음
뜨겁게 차오른 슬픔
툭, 건드리자 씁쓸하고 거친 내력이 범람한다
쏜살같이 당도한 눈물은 콧잔등을 타고 곡진한 사연은 꼬리를 잇는다

뼛속까지 아득한 슬픔은 공갈빵처럼 헛된 삶이 일궈온 하잘것 없는 행적일까
비의, 때론 거추장스러운 액세서리 같은 것

속내 훌훌 털어 바지랑대에 걸고
가을 햇살 불러 보송보송 구워야겠다

뼈, 사라진 것들

장기 외출 중, 기다리지 마세요
흔적도 없이 허공에 묻힐지 몰라요

일탈을 꿈꾸며 툭툭 불거진 마디마다
선골仙骨은 아닐지라도 속골俗骨이고자 하였으나
무지몽매한 철의 여인처럼 클라이밍보다 힘든 일에 목숨을 걸었죠

미련 없이 초생의 동기들이 하나 둘 사라지고
서 있는 이 자리가 위태로워 급히 처방전을 보냈죠

척추측만 증, 허리 디스크, 목 디스크, 요주의

잃어버린 날을 대변이라도 하듯, 어깨에 날개를 달고 새벽공기를 가르며 삶의 일 순위가 건강이라나요

고드름처럼 거꾸로 매달아주세요
뼈를 곧추세우는 일, 또 다른 삶이 아니겠어요

뱀사골의 야사

세상에 많은 일은 어둠을 뚫고 아롱거리는 밤을 어루만지며 힘차게 타오르는 거 맞는 것 같아

계곡물 소리는 겹음 되어 흐리고 가끔 튕겨 나온 음보는 힘차게 벽에 구르다 어느 영역을 겁탈하고 불문의 성역을 아우르는지
날밤을 까며 쌓은 만리장성은 둘둘 걷힌 어둠과 함께 사라지고 고요한 정적을 드리운 채 물소리만 청아하다

몽롱한 머리를 쳐들고 뱀사골을 체득하러 나선 길 간벌하지 않은 적송은 지난 밤 어떤 말을 엿들었을까? 푸른 모발을 풀어 젖힌 채 계곡의 허리를 휘감고 짙은 솔향을 뿜어대는 연유 또한 무엇인지

휘황하게 떠오른 햇살을 거머쥔 야성의 계곡이 서서히 똬리를 푸는 뱀사골은 불면의 통증마저 털어 내고 있다
야사는 뜨거움으로 봉인되고 알 수 없는 일은 밤에 열리고 햇살에 닫히고 있다

탱탱하게 발기한 뱀 한 마리 뱀사골에 살고 있다

소태나무

고적한 무등산 끝자락 소태골을 배회하는 일벌
적갈색 수피에 지독한 콰사인*을 품은 소태나무
앙증맞은 황록색 산방화서의 유혹에 벌들은 화신의 쓴 맛을 보았을까

말랑한 젖통에 입을 대는 순간 치열한 생존 쟁탈전이 생겼는지 모르지, 비장한 마음으로 소태나무 수액을 발라 젖을 떼는 모정, 칭얼거림도 없이 단방에 포기하고 마는 아이의 눈가에 눈물이 고인다

부러 터진 손등 사이로 칼바람 스미듯 차갑고 매서운 시간을 견뎌야 바싹 마른 입에 풀칠이 가능한지, 황색 피목 작은 구멍에 생명의 소리가 있다면 그건 필시 간절한 숨비소리였을 것이다

한 끼 꿀을 벌기 위해 소태보다 쓴 입을 쩝쩝대며 힘없이 떠도는 그대여
쓴맛이 백약이려니

*소태나무의 쓴맛, 아이 젖뗄 때 사용

우분투*

- 어느 카페지기의 어설픈 헤어짐을 보면서

'나가기' 버튼을 누르고 사라지는 것은 손톱만큼도 남지 않은 미련인가
내가 너일 때도 네가 나일 때도 우리가 우리일까

믿음과 신뢰는 투명한 곳에서만 유효한지
불투명한 구간은 도드라진 노란 선을 그어 놓고 '접근금지 구역' 마음을 늦추지 말아야 하나

둘레의 안과 밖은 자유와 구속의 경계선
질서와 규칙이 있고 협동이 있는 안과 그저 자유롭고 평화로운 밖
무엇을 위하여 둘레를 치고 기꺼이 함께 하는가
약간의 구속이 주는 결속력 때문이 아닐까

금방 가볍게 날아올 것이다 함께 하자고 '카톡 카톡'
마무리의 여신이 있다면 시작도 끝도 함께하면 좋겠다

*우분투: 우리가 있으므로 내가 있다. 남아프리카 원주민의 말

5·18을 부탁해

끈끈한 배후를 가진 위정자들이 머문 자리

그들이 두고 간 근엄한 진실은 진실이 아니라 왜 따로 출렁이는 현실의 묵음이었네
거짓의 목마름은 건조하고 따끔거리는지 연신 물을 들이켜고 휑한 눈빛이 주는 애절한 갈증이 무엇인지 바닥에 뒹구는 투명한 물병은 온몸으로 말하네

그날의 진실을

마음을 쓸어버리기라도 할 것처럼 음습한 바람은 불고 한끝 진실을 붙잡고 영혼을 위무하는 발길은 끊이질 않네

떨어진 그늘을 모으다 잊힌 마음을 모으다 가슴을 콕 찌르던 사랑의 배신을 떠올리다
총 칼도 받아낸 몸이지만 발끝에 걸리는 돌부리에 힘없이 넘어질지도 몰라

꼬옥 안아줄래? 진심으로 사랑해줘 내 영혼의 빈자리
40년, 너무 오래 기다렸잖아

무쇠의 불맛

한 생 꼿꼿할 수 있는 것은 가슴에 뜨거운 불맛을 품었기 때문이다

무쇠 불꽃 같은 삶

붉음 앞에 전생을 구걸해도 맨살에 벼락처럼 내리친 몰매, 설령 그 안에 영민함이 있다 한들 무슨 소용일까 둔탁한 정의 치열한 몸부림으로 창조된 낯섦, 혹 냉기를 불러들일까 단조鍛造 하는 바쁜 손길, 한 치의 오차도 없이 원하는 형태를 잡는 화끈한 대장장이 손에서 태어난 검붉은 한 자루 쇠 분신, 쇠스랑

막걸리 서너 보시기 걸치고 비틀거리는 사내
석양을 바라보며 쇠스랑에 질질 끌려 서적골 뙈귀밭에 오른다 두 남루는 힘을 모아 어귀를 뒤집어보지만 날 선 돌멩이에 찌그러진 닳아빠진 운명

거친 땅 옥토로 만들어 자식 나무 단단히 심고 행여 뿌리 들릴까 꼭꼭 밟아 키워 낸
에움길에 말 없는 미소로 다녀가신 아버지 비옥한 침묵으로 이완된다

삼 팔 광 땡, 피박

낙장 불입이라 했던가

삼 팔 광에 휘파람새, 종달새, 기러기 날아들면 무표정은 기본 펼쳐보지도 못하고 전멸할 수 있는 중차대한 실수는 실없이 올라간 입꼬리, 손에 쥔 패는 재능, 바닥 패는 기회, 뒤집는 패가 운이라면 결국, 볼 수 있는 패로 진로를 결정하는 것
묵직한 광 몇 개 품고 덤으로 주어진 패는 살랑한 길몽 구석에 앉아 광이라도 팔면 다행인데 헤벌쭉, 쓰리 고를 외치겠다는 허황한 꿈을 안고 당당하게 고
제아무리 시답잖은 일이라도 한순간은 고뇌의 선택이겠으나 상수에게 들켜버린 하수의 작전은 무용지물 때깔 좋은 광들은 하나둘 약삭빠른 상대의 앞자리에 빛나고 훨훨 날아간 고도리

평생 불의에 자유롭지 못한 성향 탓에 투명한 패는 방어선에 허점을 남기고 광박, 피박에 쓰리고
구석에 처박힌 상처는 쉬 아물지 않는다

끝물에 날아든 행운처럼 한 번의 기회가 주어진다면
은밀하게 표정을 감추고 못 먹어도 고

생명을 보듬다

약지에 붉게 물든 말랑한 물집 하나 느티나무 수형 잡다 생긴 흔적이네

꼭 해야 할 일과, 하지 말아야 할 일

왠지, 내가 디자인하면 더 아름답고 늠름하게 자랄 것 같은 기대 때문에 꼭 하고 싶은 노동이네

그 안에 들면 가슴을 파고드는 잔가지는 잡념과도 같고 떨쳐 내야 하는 번민과도 같은 것
삼각 구도로 다듬고 쓰다듬으며 웃자란 가지 서둘지 말라 다독여 자르고 나면 이내 가슴은 고요하네

아무리 오지랖 넓다 한들 생명을 키우는 일은 힘들지 않은 적이 없네

아름드리 느티나무로 자라거든 누군가에게 시원한 자리 내어주고 주절거리는 새들의 벗이 되고 한 번쯤 따뜻한 가슴을 기억하면 좋겠네

갓 깨어나는 여린 입술 위에 가벼이 입 맞추네

|해설|

서정을 춤추라 이야기를 만나리라

-가은 시인의 꽃그늘의 미학

김 종
(시인, 화가)

가은 시인(본명 김양자)의 작품들은 순연한 서정성과 그 서정성이 끌고 가는 산문적 이야기가 압권이다. 가은 시인의 작품은 저마다 괄목상대한 것들이었다. 이랑 이랑이 윤슬처럼 빛나는 시편들은 대양에 파도가 일렁이듯 독서하는 내내 가슴이 물결쳤다. 작지만 옹골진 것도 있고 실핏줄을 따라가는 면밀함에다 가득 하늘을 담아둔 것들도 있었다.

사람의 표정과 기질들을 숙성된 향기로 풀어내고

눈여겨보지 않았는데 다가와 표정 짓는 작품들과의 조우는 필자만이 누리는 행운 같았다. 작품을 읽고 평설을 집필하는 동안 꽃밭에 일렁이는 서정으로 가은 시인을 만날 수 있었다. 어떤 작품은 소리 내지 못한 슬픔이 물웅덩이처럼 고여 있었고 어떤 것은 눈길만 줘도 손잡아 끄는 반가운 것들도 있었다. 작품들은 저마다 우리가 놓치고 지낸 사람의 표정과 기질들을 숙성된 향기로 풀어내고 있었던 것이다. 그래, 작품을 창작한 시인이나 그 작품을 읽어갈 독자나 미처 살피지 못한 시의 향기를 찾아내는 일이 작품 앞에 다가선 평자의 소임일 터이다.

시를 읽고 평하는 일은 일상에 묻힌 의미를 새롭게 발언하는 일이며 모르고 지내던 것들과의 소통을 꿈꾸는 일이다. 뭐랄까, 가은 시인의 작품을 독서하는 내내 필자는 생의 보물찾기 같은 탐색의 시간을 계속할 수 있었다. 작품의 서정성과 서사를 읽는 일은 한 사람의 독자로서 즐거운 일이고 시인이 언어 세상에 제시한 표정과 눈빛을 피륙처럼 짜 늘이는 일이다. 스스로도 자부하는 가은 시인에게 언어는 자신만의 풍속과 미감을 직조하는 수단이라 하겠다.

글을 짓는 시간은 일에 지친 자신에게 휴식과 충전에 더없이 좋은 시간이었다. 작품창작은 오롯이 구상한 바를 완성하고 잔영殘影까지 비운 다음 또 다른 작품으로 넘어가는 방식이었다. 이 같은 말이 수긍된 이면에는 그의 작품들이 갖는 저마다의 표정이 독창성에 터 잡고 있다는 점이었다. 아마도 이것은 그가 이룬 뷰티 분야의 작업들이 문학창작에 연결되고 이전 작품의 잔영을 비워내는 방식으로 창작을 계속했기 때문일 것이다.

가은 시인이 문학 세상에 오르는 일은 다소 늦었다. 허나 글을 쓰는 세상은 연륜을 앞 세우며 밥그릇 숫자나 세는 세상과는 다르다는 점이다. 요컨대 글을 쓰는 자리에 입문의 선후가 무슨 문제며 연공서열 같은 것은 아무짝에도 소용 되지 않는다는 사실이다. 중요한 것은 지금까지 어떤 작품을 썼고 현재 어떤 작품을 쓰고 있느냐만 묻고 답하는 세상이 문학 세상이라는 것이다. 이런 점들을 헤아리면서 가은이 펼친 꽃그늘의 미학 속으로 진입하려 한다.

> 통영 강구안 중앙 수산시장 4길에는 해미海味 건어물전이 있다//유독 반짝이며 눈길을 마주친 밴댕이, 어부도 살아있는 모

습을 보지 못한 고진 성깔과 달리 반지르르한 몸통은 죽어서도 이름을 남긴다//심해를 유영하는 푸른 언어의 잔재, 유서를 품은 적막은 길게 모여드는 만조의 귀퉁이를 허물고 서성인다//꾹 눌러 삼키는 허무의 종말//지극히 짧은 생사의 순간, 미련이란 없다는 듯 담백하게 마무리하는 순장, 생살 가득 바다는 치열의 순간을 맛으로 설명한다//디포리 명물 회는 봄철이 아니면 군대 간 애인 기다리듯 기다려야 하고, 디포리 없는 해물 육수는 감히 해물 육수라 할 수 없으니 어느 집 주방이든 냉동실 중앙에 턱 한 자리 차지하는 것은 만고의 진리//시원 깔끔한 해물 육수에 국수를 말아 먹다 돌돌 말린 국숫발처럼 생각이 꼬인다//글쟁이들이 가장 좋아하는 간식은 수식으로 꾸미는 잔재주, 맞다/평생 덤벙거린 족적이 부끄러워 돌아본다/삼류 시인답게 화려한 수식으로 그득 찬 명함이 무거워 그만, 놓치고 말았다/바닥에 데굴데굴 굴러버린 밴댕이보다 못한 일생, 자존감도 함께 구른다//몽마르뜨언덕이라 수식하지 않아도 그지없는 동파랑 길//통영의 나폴리라 읽고 통영의 디포리라 쓰고 싶은 순간이 가끔은 있다

-「수식의 메커니즘- 디포리*」 전문

각주로도 밝히고 있지만 '디포리'는 '밴댕이'라고도 부르는 '보리멸'의 전라도 방언이라고 한다. 지방에 따라 어떤 곳에서는 정어리의 어린 개체를 그리 부르기도 하고 조금 큰 멸치를 그리 칭한다는 것. 등이 푸른색인 걸 보고 뒤가 '퍼렇다'는 데서 디포리의 어원이 만들어졌다는 말은 개연성이 크다. 주로 국물 특히 잔치국수 등을 우릴 때 멸치와 동일하게 쓰이는 흔한 어종이다.

통영 중앙시장 해미 건어물전에서 눈길을 마주친 밴댕이는 외곬의 융통성이 없는 성깔 땜에 살아있는 모습은 어부도 보지 못한다는 것. 그 디포리의 지극히 짧은 생사의 순간을 순장殉葬

으로 마무리하고 생살 가득 담백한 순간을 맛의 시간으로 바꾸어 시인은 바다라는 해물을 육수 삼아 둘둘 국수를 말아 시원 깔끔하게 마신다는 상상을 한다. 그러다가 평생을 덤벙거린 자신의 족적이 부끄러워 되돌아본 세월은 바닥에다 자존감도 함께 데굴거린 밴댕이보다 나을 것이 없는 일생이었다고 생각한다.

그래, 간식은 수식으로 꾸민 잔재주에 다름 아니겠다. 그리고 이루 다 말할 수 없는 동파랑길은 별다른 수식이 없어도 몽마르뜨언덕이라 부를 만하다. 이쯤에서 생각하는 것, "통영의 나폴리라 읽고 통영의 디포리라 쓰고 싶은 순간이 가끔은 있다"는 표현을 읽으면서 가은 시인의 센스 있는 언어적 감각이 새삼 눈에 들었다. 이처럼 미묘한 상황에 이르러 디포리는 수식의 개연성에 비추어 나폴리라 부르는 통영이 아니라 디포리를 수식하는 통영이 더 어울린 것은 아닐까. 심해를 푸른 언어로 유영하는 그 자잘한 디포리의 개체적 현상은 우리네 소화되지 못한 자잘한 일상이나 이 지상을 덮고도 남을 만큼 밀려드는 만조처럼 읽힌다.

'저놈의 주둥아리'/시댁 연대기를 들먹이며 콱 쥐어박기 전에 힘을 푸라는 어머니//굳이 입 나온 할머니와 고모를 들먹이지 않아도 느리거나 소심함은 부계, 시媤가 싫어 시금치, 시래기도 먹지 않는다는 모 여인의 속내처럼 어머니는 유독 나온 주둥이에 경기驚起를 낸다//닭똥꼬처럼 부러 터진 입은 끝내 못다 한 말이 서글픈지 그렁그렁 고샅으로 간다//멀리 통통거리는 경운기 소리, 읍내 오일장에 밥 벌러 간 아버지는 마을 사람들의 밥통을 한가득 싣고 신작로에 든다//달구가리는 순희네 집에 가져다주고 오백 원을 받아 와야 한다///부지런하고 간 크신 우리 어머니/새벽 어스름부터 어스레한 저녁까지 억척스럽게 밥을 주우러 다니는데/늘 성에 차지 않은 아버지는 잔소리의 근원을 제공하고 고삐를 잡고 늦추지 않은 어머니의 끝없는 역설은 불똥에 불똥이 되어 끝내, 불안한 불길은 가루 나무 타듯이 바르르 옮겨다닌다//'깨워 놓으면 화장실에서 한참, 밥 먹으면서 한참'이라고 아버지를 향한 애가 탄 어머니의 느림보 시리즈에 귀지가 돋아날 즘, 부지런함의 정비례처럼 우리집 살림에 통통한 살이 붙어 넘실넘실 힘이 생겼다//울 밖으로 자글대며 떠돌던 지긋지긋한 불편함도 눈 밖에서 사라지면 영원한 그리움인지//'딸 셋이 엄마는 하나도 안 닮고 키도 크고 이뻐요이'/"다 즈그 아부지 닮았단 말이요"//먼 남쪽 하늘 어디쯤에서 울아버지 간만에 귀가 번뜩하겠다//어머니의 시댁 연대기는 현재진행형이다

-「어머니의 역설」 전문

작품의 머리에 보인 '굳이 입 나온' '저놈의 주둥아리'는 시댁의 유전적 골격일 것이고 그 같은 유전적 연대기를 들먹이는 어머니에겐 아포리즘(?)쯤 되는 말이 되겠다. 일상이 되다시피 한 어머니의 이 같은 언설은 상내를 향해 '콱 쥐어박을 듯이' 나무랄 때 무의식적으로 불쑥 나오는 말이다. 작품 속의 어머니는 "유독 나온 주둥이에 경기"를 낼만큼 마땅찮아 하였었고 이 같은 내력은 '할머니와 고모'로 이어지는 이 집안의 여자 쪽 골격이라는 것도 인지할 수 있겠다. 이에 반하여 '느리거나 소심한 면'은 부계로 이어진 성정이어서 그런 가운데도 부지런하면서도 '간 크신 우리 어머니' 덕분에 집안의 대소사가 통통한 살이 붙고 넘실넘실 힘이 생겼던 것이다.

"딸들이 최고다야." 호방하게 웃으시는 오늘의 어머니

'마을 사람들의 밥통을 한가득 싣고' 경운기를 통통거리며

신작로를 거쳐 오일장에서 돌아온 아버지는 장봇짐을 풀어내며 화자에게 "달구가리는 순희네 집에 가져다주고 오백 원을 받아와야 한다"는 당부와 함께 심부름을 배당한다. '달구가리'는 나뭇가지나 싸리 따위로 엮어서 만든 닭을 넣어두는 '닭의어리'이며 굳이 말하자면 닭을 가두는 '닭장'과도 견줄 수 있는 임시적 우리라 하겠다.

가은 시인의 세월에 비추어 위의 체험이 얼마쯤 가능했을까 하는 의문이 든다. 필자가 기억하기로 어린 날에 걸었던 '신작로'는 대처를 가는 엄청 넓은 길이었다. 지금으로 치면 편도 2차선도 채 될까 말까 한 길이건만 그 시절엔 그 길에만 들어서면 가도 가도 끝나지 않는 무한 세계로 이어질 것만 같았다. 눈에 보이듯이 스치는 광경에서 "부지런하고 간 크신 우리 어머니"는 " 집안 대소사를 고삐 잡아 몰아가는 양이 "불똥에 불똥이 되어 끝내, 불안한 불길은 가루나무 타듯이" 옮겨 붙곤 했었다. 허지만 '화장실에서', '밥 먹으면서' 늘여 뺀 남정네들의 시간 땜에 지레 늙지 못한 어머니의 채근 또한 늘었던 것이고 그래도 "우리 집 살림에 통통한 살이 붙어 넘실넘실 힘이 생겼"다는 것이다.

세월은 흘러 "울 밖으로 자글대며 떠돌던 지긋지긋한 불편함도 눈" 녹듯 사라졌다. 그 구체성이 "딸 셋이 엄마는 하나도 안 닮고 키도 크고 이뿌요이"란 말에도 어머니는 하나도 언짢아하지 않고 웬걸 내심 기다리기라도 했다는 듯이 "다 즈그 아부지 닮았단 말이요"란 말로 상상을 넘어 백퍼센트 방향을 틀어버린다.

그렇다면 그 많은 세월에 어머니의 말들은 어머니의 진심인 '역설' 아닌 '역설'이었고 그런 다음 "먼 남쪽 하늘 어디쯤에서 울 아버지 간만에 귀가 번뜩하겠다"고 한 화자의 재치를 읽으면 애써 표정 감추려 해도 절로 미소가 떠오른다. 한걸음 더 나아간 「어머니의 역설」은 후일담으로서도 음미할만하고 그런 의미에서 "어머니의 시대 연대기는 현재진행형"에다 완미完美하다. 작품에의 언급은 이쯤에서 줄이지만 「어머니의 역설」은 한국근대문학사에서 농촌과 도시의 토속적 인간상을 익살스럽거나 유머러스하게 그렸던 작가 김유정(1908-1937)의 「봄봄」이나 「동백꽃」, 「따라지」 등이 연상되어 우리네 유년 시절의 고향의 시간을 재미나게 독서할 수 있었다.

> 금탑사* 가는 길//가로수에 매달린 연등은 잃은 길을 안내하고 찾아드는 기러기는 솔바람에 휘청인다//이쯤이면 가뭇없는 생각은 한곳에 애달프게 머문다//사월 초파일이 오면 만사를 제치고 빨건 꽃무늬보자기에 쌀 서너 되 고봉을 정갈하게 담고 가난을 담보로 대출한 구겨진 몇 장의 지폐를 비장하게 챙겨 새벽녘에 천등산을 올랐을 그녀//배고프고 씁쓸한 시집살이도 아들 없는 설움에 비할까,/끝내 기도발이 닿지 않았던지 허물어진 상처는 길이길이 널처럼 뛰어도 아물지 않았다//삼신할머니도 미안했는지 후하게 점지한 실한 딸들/눈치껏 일도 공부도 사내보다 더 잘해야 했다//"오메! 셋 중 한 명만 아들이면 좋것다"
>
> -「부처님 오시는 날 -이고離苦의 길」 부분

아들 낳기가 그리도 소원이고 온통 기쁨이던 시절, 배고픈 세월에다 소태처럼 쓰디쓴 시집살이에도 아들만은 기어코 낳겠다는 지독한 마음으로 사월 초파일을 당하여 만사 제치고 "쌀 서너 되 고봉을 정갈하게 담고" 어렵게 마련한 "몇 장의 지폐"까지 챙겨서 새벽녘에 비장한 마음으로 천등산을 올랐을 어머니, 그 같은 지극정성에도 '끝내 기도발이 닿지 않았던지' 아들을 두지 못한 어머니의 그 한스러움은 어느 때나 아물 수 있었을까.

그러나 실하게 자란 딸들이 어머니 앞에서 '사내보다' "눈치껏 일도 공부도" 잘 한지라 이쯤으로도 점지하신 삼신할머니 덕분으로 자위를 해도 어찌 쉽게 잊히는 가벼운 일이었을까. 그 통에도 눈치 없는 사람들이 시도 때도 없이 내지르는 말, "오메! 셋 중 한 명만 아들이면" 얼마나 좋았겠냐는 오지랖 섞인 총질은 어머니를 더 아프게 했고 어머니에겐 가혹하고 쓰린 고통이었을 터. 그랬으니 가슴속을 치밀어 오른 불덩이 같은 울분이야 멀리 짐작 못할 바는 아니라도 아들 못 낳는 일은 두고두고 어머니가 감당해야 할 천형처럼 여기던 시절에 이 지상의 번뇌와 고통을 한 몸에 짊어지고 하루하루 지내기가 얼마나 괴롭고 힘드셨을까. 작품을 독서하는 일만으로도 장면이 그려지고 이리 가슴이 먹먹하거늘 그 시절 숙명의 나날을 헤치시던 어머니 곁에서 화자 또한 위로할 말이 얼마나 막막했을까.

실하게 자란 딸자식들이 눈치껏 일도 공부도 잘 한 것은 팩트다. 그러나 어머니에게 아들 못 낳는 일은 넘어설 수 없는 원죄(?)처럼 풀리거나 녹지 않는 만년설이었다. 그런 땜에 하소연도 할 길 없는 막막함에다 주체하기 힘든 울분은 어찌 감당하셨을까. 그럴 때 감나무를 향해 던져버린 양은 대야로 답답한 가슴이 조금은 트이셨을까. '내 어머니'의 가슴에 서린 '서슬 퍼런' 삶은 무수한 무두질로 다져진 것이었고 그 누구도 대신할 수 없는 이고離苦의 길이었다. 이것이 어찌 형극보다 더한 멀고 먼 득도와 달관으로 통하지 않았을까.

철쭉꽃이 흐드러진 금탑사를 향하여 어머니가 더듬어 오르시던 새벽녘의 천등산 길을 아무 일 없었다는 듯 화자가 다시금 오르고 있다. 주변의 대소사로 각다분한 어머니에게 아들까지 낳아야만 했던 숙명의 세월은 형벌 이상의 형극이었다. "그

끝에서 내가 나를 만난다"는 표현은 어머니의 시간을 대신 걸어보는 화자의 회한이 스미듯이 읽힌다. 어머니가 아들 못 낳는 한스러움을 짐 지고 건너셨던 그 많은 지상의 시간들. 이제는 경운기 타려면 아들을 낳고 비행기 타고 세상천지 날아서 호강하려면 딸을 낳으라는 세상이 되었다. 어머니인들 일도 공부도 사내보다 잘하는 실하게 자란 딸들이 어찌 장하고 사랑스럽지 않았을까. 새삼 상전벽해처럼 뒤집힌 세상의 과거사를 이리 평범한 마음으로 읽어도 되는지 모르겠다.

무릇 문학은 그 출발점이 항시 작가 자신이듯 위의 「부처님 오시는 날」도 가은 시인의 유년의 시간이 고스란히 담긴 자전적 이야기다. 남아선호사상이 지배하던 시대에 아들을 낳지 못한 어머니의 삶은 고되고 힘들었지만 '당차게' 이겨낸 강인함 또한 읽을 수 있었다. 부제에 보인 '이고離苦'는 번뇌와 고통을 벗는 일이다. 허지만 서슬 퍼런 어머니가 아들 못 낳는 한스러움을 무두질하면서 자신의 운명처럼 달고 살으셔야 했건만 잘 자란 딸들로 평안을 얻고 "아야, 딸들이 최고다야." 호방하게 웃으시는 오늘의 모습이 구름 벗은 태양처럼 밝아 보여 내심 흐뭇해진다.

반평생 내 팔짱을 악착같이 놓지 않고 튼실한 가죽 뱃구레를 잔뜩 키워 질질 끌고 다니던 가냘픈 여자//청춘의 동강 난 가방끈으로는 존심의 깊이를 가늠할 수 없는지 만학에 기대어 잘려나간 가방끈을 강력접착하려 바둥바둥 천 리를 허우적거리던 여자/끈이 다소 짧아 불편할 뿐인데 늘릴 수만 있다면 고무줄처럼 원願 없이 늘리고 싶어 하던 불쌍한 여자//밤낮을 가리지 않고 뛰어도 능력의 한계속도를 가늘 수 없어 가던 길을 되돌리고 싶은 순간 홀로 자전거에 기대어 맞바람의 벽을 쓸쓸히 받아안던 여자/ 한쪽 어깨가 서서히 무너져 내리고 가방끈이 땅에 질질 끌려 오른쪽 발등을 툭툭 건들 무렵 다소 사푼거리던 여자/묵직한 전공 서적으로 한 번쯤 배가 터지나 싶더니 이제는 부전공 시집으로 만삭이네/불구不久를 불구不具하고 친밀한 관계를 유지하는 우리/무럭무럭 죽어 가는 우리/끈이 긴 숄더백을 메고 오늘은 또 어느 구석에서 서푼 귀동냥하려는지 -「가방끈의 길이와 존심의 상관관계」 전문

「가방끈의 길이와 존심의 상관관계」를 독서하면서 맨 먼저 마주친 것은 이 작품의 중심시어를 '가방끈'으로 할까, '여자'로 할까 였다. 3자적 시점을 유지하고 있는 이 작품에서 '여자'와 작품 속의 화자가 동일인인 것은 물론이다. 헌데 '반평생 내 팔짱을 악착같이 놓지 않고' 잔뜩 키운 튼실한 가죽 뱃구레를 질질 끌고 다녔다는 여자까지를 읽으면서 주종 관계는 아리송하게 증발하고 가방끈만 심히 길어진 느낌이다.

갈 바래질한 논시밭에 마른 땅을 적셔줄 짝달비

이야기는 이어져서 순탄치 않는 세월에 가방끈은 동강나고 '만학'이라는 길에서 '잘린' 가방끈을 강력 접착하여 바둥바둥 천리를 허우적거렸다거나 '다소 짧은 가방끈'은 조금 불편할 뿐이었다거나 필요하다면 그만큼만 늘리면 그만이었다거나 등에서 화자의 그간의 세월이 어찌 예사롭게 읽히겠는가. 그런데 짧다는 가방끈을 "고무줄처럼 원願 없이" 늘리려고 백방으로 뛰고 메며 참 무던히도 가방끈 하나에 매달린 '여자'는 여기저기를 달려 다닌 불쌍한 여자로 읽히는 것은 아니다. 그만큼 의지적인 그녀에게 "한쪽 어깨가 서서히 무너져 내리"는 시간이 왔다.

어깨가 무너져 더 이상 가방끈을 멜 수 없었고 한계속도의 능력 앞에 주저앉은 것인지 가방끈이 발등을 툭툭 건드려 더 이상은 늘릴 필요가 없다고 판단한 것인지 또 다른 어떤 이유로 '다소 사푼거리는' 시간에 이른 것인지 "밥을 먹지 않아도 배가 잔뜩 불러오는" 부전공인 시로 옮겨 앉았다. 무한 달려다니기만 하던 그간의 일들은 항시 그림자처럼 앞서거니 뒤서거니 경쟁하던 가방끈과의 질주였다. 그런데 웬걸 "묵직한 전공 서적으로 한 번쯤 배가 터지나 싶"은 시간을 넘어 '부전공'으로 바꿔 탔고 이내 시로 진입한 것이다. 가은 시인도 회상하지만 그가 시 쓰기의 처마에 든 것은 이전의 시간이 자신이 요량한 만큼의 성취에 다다른 때문이기도 하고 어느 때 부턴가 밀쳐둔 일을 새롭게 착수한 일이기도 하다.

작품을 평설하면서 새삼 떠오른 것. 가은 시인에게 '자전거'는 특별의미가 되기에 충분한 사물이다. 자전거 위에서 휴식하고 자전거와 연애하고 은빛 물결의 바퀴를 돌려가며 자신의 시간을 추진시킨 자리 자리에 그림자처럼 자전거가 걸쳐져 있다. 시인은 자전거 위에서 여러 일상사를 사유의 시간으로 되돌리는 이를테면 '물굽이' 같은 시간과 시간들을 달리는 일은 늘상 자전거와 함께였었다. 그런 연유로 시인은 "은으로 만든 바퀴"라는 '은륜銀輪'이란 어휘를 자전거 대신 부르기를 즐기는 셈이다. 여하튼 가은 시인에게 '자전거'는 자신의 강물 같은 시간들을 뗏목 삼아 흐르면서 참 많이도 함께했던 사물이다. 자전거를 오죽 사랑했으면 정서상 함부로 드러내기 조심스러운 「은륜 위의 정사」라는 발칙한(?) 표현으로 구상하고 창작까지 했을까.

할머니의 구부린 배가 등짝에 붙었다/애달픈 연륜 같은/한글을 만들던 시절에도 그러했으리라//세월이 끌다 버린 유모

차처럼 안과 밖의 엇갈린 자화상//갈바래질 논시 밭에 짝달비가 내린 뒤/좁혀지지 않은 삶의 간격만큼 종종걸음쳤을 새벽길/등 굽은 노숙의 시간은 힘에 겨운 호밋자루에 깃을 세우고/둔덕 같은 삶을 끌어안은 헐렁한 장화 속 굳은살/몸빼바지로 감춘 뒤틀린 뼈대의 흔들거림은/땅에 ㄱ자로 엎드려 콩이요, 팥이요/글공부 한창이다//'봐라, 어매는 이라고 재미를 본다. 아가, 어매는 지금 꼬추밭이다. 해가 참말로 노루 꽁지만큼 남았다야. 생색내지 말고 노는 것 맹키로 살아라. 어매도 새각시 때사 일이 좋았간디 내가 일선대로 애기들 입에 밥 들어간 게 일허믄 어쨌든 간에 먹인 게 일에 재미를 붙였제'//제기랄, 그놈의 배는 왜/한때는 죽도록 고파서 힘들고/이제는 입맛이 없어 배가죽이 등걸에 붙는가//굽은 등의 하안거夏安居/얼마나 더 낮은 곳으로 임해야 공덕의 사리로 빛날까/실낱같은 처연함이 늘어선 밭고랑/배리배리 세종대왕 몸소 왕림하셨다

-「세종대왕 행차요」 전문

우리가 세계 경제력 10위권에 들고 여러 첨단 분야가 지구촌 사람들의 주목을 받고 있건만 현실은 아직도 응달받이 '잔설'처럼 문맹자가 존재한다. 그렇지만 고추밭을 매면서도 한글을 즐겁게 공부하는 어머니가 계셔서 이 나라의 하루해가 노루 꽁지만큼 남은 바쁜 시간에도 좀 더 공부할 수 없음을 아쉬워하는 희망의 나라가 되었다. 생색내지 않고 노는 것처럼 일하면서도 공부하는 시간을 더없이 재미있어하는 어머니도 새색시 시절에는 일하는 것보다는 노는 것이 더 좋았다고 하셨다.

허지만 자식들을 가르치고 키우기 위해 우선 일하는 것에 재미를 붙일 수밖에 없었다. 그뿐인가 입맛이 없어 뱃가죽이 등걸에 붙더라도 ㄱ자로 엎드려 일을 했었고 한사코 이건 이렇고 저건 저렇다고 공부하는 세월을 살으신 것이다. 이는 이처럼 성실

하게 일하고 공부해야 공덕의 사리로 빛날 수 있다 했고 이것이 바로 성자처럼 살아온 어머니의 실천적 모습이 아니겠는가.

여자로써는 연약했지만 '굽은 등'을 하고서도 사래 긴 밭고랑을 자신의 노트처럼 경작하는 어머니로 하여 강인해지셨다. 그리고 몸소 왕림하신 세종대왕의 공덕으로 "더 낮은 곳으로 임"해야 사리가 빛난다는 공부의 시간에 이르른다. 땅을 갈아엎어 볕을 쬐고 바람을 쐰 갈 바래질한 논시밭에 마른 땅을 적셔줄 짝달비가 촉촉이 내렸었고 모종하기에 때를 놓치지 않으려 바빠진 사람들은 허겁지겁 여기저기를 찾아 종종걸음을 쳤을 터.

헐렁한 몸빼바지를 입고 호밋자루를 힘주어 쥐고 뒤틀린 뼈대가 흔들거릴 때까지 일하는 어머니의 머릿속은 온통 "땅에 ㄱ자로 엎드려 콩이요, 팥이요/글공부 한창"이셨다. 그러시는 어머니 왈 "봐라, 어매는 이라고 재미를 본다. 아가, 어매는 지금 꼬추밭이다….애기들 입에 밥 들어간 게 일 허믄 어쨌든 간에 먹인 게 일에 재미를 붙였제"이다. 이 대목을 읽으면서 새삼 생각나는 어머님은 세상에서 가장 재미나는 일은 마른 논에 물 들어가는 소리와 자식들 입에 밥 들어가는 소리라고 입버릇처럼 되뇌시던 모습 딱 그대로다.

자식들 입에 먹을 것 넣으려고 밭은 매지만 그래도 글공부는 계속하시겠다는 어머니의 오늘의 모습은 지구촌의 그 어떤 존재보다도 거룩하다. 젊어서 열심히 일한 결과로 '굽은 등'이 되었고 이를 통해 사람의 겸손과 성실을 말하는 화자의 인식이 예사롭지 않다. 각주에 밝힌 대로 「세종대왕 행차요」는 《전라도닷컴》(2008년 7월호)에 소개된 장성군 북하면 월성리의 '용강떡' 윤순덕 어르신이 자식들 보라고 발언한 메시지의 내용을 시 작품으로 재구성한 것이다.

한글얘기가 나왔으니 문자얘기를 조금 곁들이자. 아시는 것처럼 세종임금은 이 나라의 한글을 창제한 군주이다. 이미 몇백 년 전에 만들어진 '한글'은 오늘의 컴퓨터시대를 예견한 것처럼 그 우수성이나 미래성을 크게 평가받은 문자로 유명하다. 한글은 지구촌의 모든 문자 중에서 가장 탁월한 제자원리에 터잡은 문자이고 창제자가 알려진 유일한 문자이다. 한글의 장점이야 한 둘이 아니지만 음성인식에서 로마자가 기계흡착음, 당김음, 떨림음, 공명음 등을 가진 인공지능 앞에 속수무책인데 반해 한글은 순경음, 반치음에다 초성•중성•종성 등을 결합해 무려 398억5677만2340종의 분절음 표기가 가능한 세계 최고의 문자로 거듭난 것이다.

"물그림자 번지고 코끝까지 살랑거린 누룩 향"

이로써 만물의 음성표기를 한글데이터로 돌리면 전 세계 인공지능데이터가 한글화된다는 결론을 얻을 만큼 이용성이 크다. 인류공동체에서 세계의 언어학자들은 제아무리 노력해도 한글 이상의 문자는 나올 수 없겠다며 감탄에 감탄을 연발한다. 그리 보면 세계문자의 창작자 중에서 세종은 가히 신神이라 할 수 있다는 것이며 그간 가장 발달된 문자를 알파벳이라 간주했지만 그 이면에 대영제국이나 미합중국을 넘어 한국마저 자국어처럼 동참하는 일은 일종의 언어 사치라는 비판을 받기도 했었다. 한글은 음성문자, 자질문자를 겸한 차원 높은 문자로서 모든 소리를 정확히 표기할 수 있는 전능한 문자인 때문이다.

ㄱ에 한 획을 더하면 ㅋ이 되고 ㄷ에 한 획을 더하면 ㅌ이 되는 등 소위 문자에서 수학이 가능한 원리에다 다이아몬드로 커팅된 것 같은 정교한 체계로 운용되는 한글은 인공지능이 지성체가 되면 의사소통으로 말을 하려고 할 것인데 이럴 때 인간

의 발성능력을 넘어서는 인공지능 AI의 모든 소리를 표기할 수 있는 문자가 한글밖에 없다는 사실은 우리가 고무되기에 충분하다. 소리에 대한 계측 코드에서 초일류 문자 한글의 소유국인 한국은 그럼에도 인공지능에서 등급 외로 밀리고 있다는 사실이 발을 매면서도 한글을 배우는 한글 학습자 어머니의 자랑스러움을 지워버린다고 하겠다.

> 썬텐 중인 알곡 태풍을 무사히 건너온 조각조각 애타는 마음 뿌듯한 눈흘림 그득하다/거름 채 속에 잘 숙성된 걸쭉한 건지 어머니는 막걸리를 거른다 뿌옇고 텁텁한 막 걸러낸 술 시큼한 향은 돌담 밖 후각을 모은다 둘레둘레 걸터앉아 몇 순배 돌아 알딸딸한 망중한 느닷없이 내리꽂는 여우비/덕석을 말고 비닐로 덮는 부산한 일손은 한 치의 여유도 허락지 않은 하늘의 힘에 길들어진 노역勞役의 산실, 검버섯 덕지덕지 붙은 구릿빛 얼굴의 슬픈 밀도는 깊게 쌓인 통점이 지나는 곳마다 근심이 고인다/비설거지로 넋 나간 어머니 그 새 막걸리 건지를 잔뜩 먹고 볼그레한 얼굴로 간드러지게 이미자의 '동백 아가씨'를 부르는 아이//되감긴 변방의 시간을 모으다 빈대떡을 안주 삼아 막걸리에 '동백 아가씨'를 허밍 한다/오미*를 품은 쌀로 빚은 농주, 농가의 후렴 같은 깊은 맛/삶은 숙성된 피사체인가
>
> -「농주」 전문

알곡이 '썬텐'하며 숙성하는 순간순간 태풍을 건너보내기에 얼마나 노심초사가 컸을까. 불볕더위를 견디며 농사철도 이냥저냥 넘기고 그 사이 태풍이나 병충해로 '조각조각 애타는 마음'이기 얼마이던가. 시간은 지나 웬만큼은 지은 농사에 "뿌듯한 눈 흘림이 그득하다." 어머니가 막 걸러낸 뿌옇고 텁텁한 막걸리가 돌담 밖을 넘어 후각을 자극하면 "둘레둘레 걸터앉아

몇 순배 돌릴 알딸딸한 망중한"이 그럴싸하다.

동일한 시각에 "느닷없이 내리꽂는 여우비"로 "한 치의 여유도 허락지 않은" 농촌의 일손은 덕석을 말고 비닐로 덮는 노역으로 부산하다. 비설거지로 넋 나간 어머니와 어머니가 비운 사이 막걸리 건지(아랭이)를 잔뜩 먹고 불콰한 얼굴에 간드러지게 이미자의 '동백아가씨'를 부르는 아이…. 배고픈 시절 우리 농촌의 모습이 딱 이랬다. 「농주」 맴에 빚어진 농촌의 진풍경은 이런저런 사연이 되어 사방팔방으로 흩어져 간다. 이야기는 빈대떡을 안주 삼아 막걸리에 동백아가씨를 허밍하는 화자에게로 돌아오고 후렴처럼 등장한 「농주」는 쌀로 빚은 농가의 깊은 속살 같은 맛에다 "숙성된 피사체"가 아니던가.

농사철에 마시는 농주는 노동력 향상에 절대로 필요한 요깃거리이자 음료였다. 그런 때문인가. 지나간 시절을 돌이키며 고향을 말할 때는 으레 등장하는 품목 중의 하나가 막걸리의 별칭인 「농주」였다. 태풍과 병충해를 물리치고 배동시기가 되면 농군들은 가득 자란 들녘을 바라보며 한해의 농사에 안도하고 눈흘림이 그윽한 시간을 맞는다.

백중百中은 하안거夏安居의 끝 날인 음력 칠월 보름쯤이고 풍성한 과일과 소채에다 백가지 곡식의 씨앗을 갖추었다 하여 붙여진 이름이다. 허지만 이 무렵에 마지막 김매기인 만드리로 온 들녘은 떠나갈 듯이 노랫소리가 가득하다. 어머니가 거른 막걸리는 점심이나 새참에 먹는 곁두리였고 일하다 시장하면 언제든 걸어 나와 주전자를 쳐들고 마시거나 잔에 따라 사발 채로 목을 축이던 요깃거리를 겸한 생명수였다.

> 고운 얼굴에 그늘 한 섬이네//지난한 삶을 송두리째 끌고 와 푸서리 가득한 가슴을 헐어 푸념을 꾸역꾸역 덧칠하는 새

> 댁, 말로 하는 위로가 무슨 소용일까 싶어 머리카락 한 올 한 올 들추며 사연을 듣기로 했네/약이 없는 스트레스, 처방전은 기분 전환이 최고라 명료하게 적고 유행을 모아 뷰티 디자인을 시작했네//모발은 갈색 더블브리치로 교체하고 미니멀한 갈색 코트에 꽃무늬 스커트로 디자인했네 액세서리 요소에 맞추고 분절된 마음 까지 보듬고 나니 사각 그늘에 갇혔던 모습은 사라지고 환하게 웃는 모습이 곱고 사랑스럽네//뒤돌아볼 여유도 훈훈한 마음도 없이 옹이 박힌 길을 동동거리며 지내는 것도 한 시절 지성의 꽃을 피우는 간절함이라고, 꽃길만 걷길 소원해도 피할 수 없는 겨울 도랑 바짓가랑이 걷어 올리고 담담하게 건널 수 있기를//저기, 조심스레 얼굴을 내미는 새뜻한 꽃망울
>
> -「꽃그늘」 전문

까닭이 무엇이었을까. 제목은 「꽃그늘」인데 "고운 얼굴에 그늘 한 섬"인 이유의 속내를 들추고 보면 삶은 누구에게나 지난한 것이란 생각을 한다. 허지만 '푸서리 가득한 가슴을 헐어' 꾸역꾸역 푸념처럼 덧칠하는 새댁을 향해 화자는 말을 들어주는 위로라도 소용이 될까하여 한 올 한 올 머리카락을 들추며 사연을 듣기로 한다. 그러고 나서 "약이 없는 스트레스"엔 기분전환이 최고의 처방이라며 뷰티 디자인을 시작했다.

앞뒤 잴 것 없이 생의 궁극은 즐겁게 사는 일이다. 어느 누군들 그러고 싶지 않겠는가만 그래도 기를 쓰고 즐겁게 살아갈 의무가 저마다의 소임으로 타고 났다. "저기, 조심스레 얼굴을 내미는 새뜻한 꽃망울"을 보기 위해 '유행을 모아 뷰티 디자인'에 돌입한 화자, 분위기는 급반전되고 "사각 그늘에 갇혔던 모습은 사라지고 환하게 웃는 모습이 이내 곱고 사랑스러운"꽃그늘로 바뀌었다. 요컨대 가은 시인이 노래한 '꽃그늘'이 이같다는 얘기다. 그에 이르기까지의 방법은 "갈색 더블브리치로" 모발

을 교체하고 "미니멀한 갈색 코트에 꽃무늬 스커트로 디자인" 하고서 '분절된 마음까지 보듬고 나니' 바짓가랑이 걷어 올리고 꽃길 대신에 겨울의 도랑도 담담하게 건널 수 있기를 소원한 다음 그리 되었으리라는 것. 그쯤에서 피어오르는 고운 얼굴의 꽃망울! 조심스럽게 얼굴 내민 '꽃그늘'! 쌍방의 모습이 완전일치이고 그래서 더더욱 아름답다.

> 왜 그런지 몰라 막걸리는/찌그러진 옷을 입어야 마음 깃이 술술 풀리거든//한 되짜리 양은 주전자를 들고 간 마을회관/선희 엄마는 예쁜이 왔다며 양조장 문턱을 갓 넘어온 텁텁한 막걸리를 철철 넘치게 담아주었다//바짓가랑이며 신발에 물그림자 번지고 코끝까지 살랑거린 누룩 향/서너 걸음 떼다 말고 앳된 미소//넘친다는 것은 순전히 핑계에 무덤을 쓰는 일, 주전자 주둥이에 앵두 같은 입을 대고 엄마 젖꼭지 빨 듯 쭉쭉 빨아들인다 아! 요사한 이 맛, 뜨뜻한 할아버지 양반다리 위에서 넙죽넙죽 받아먹던 그 꼴랑한 맛 아닌가/두 모금만 먹으면 좋은데 딱, 한 모금만 더//멈칫거리는 얼굴을 힐끗 보시고 '누구네 처자가 당번 서더냐, 주전자를 채우다 말고' 달아오른 얼굴을 어쩌지 못하고 쌩긋거린다/모를 리 없지, 우리 할아버지//연초록 숲을 거닐며 풋풋한 시간 속에 잠겨 보는 일/늘 서둘러 차오른 보골보골한 무늬 속에는 기포 만큼이나 아련한 기억은 가볍게 찾아들고 누룩 향 같은 그리움은 행간의 얽힌 언어의 순수만큼 뭉글뭉글 취한다//봄 햇살처럼 발효되기 좋은 시간//고향 한 묶음 차려진 낙지 초무침에 오덕*을 가졌다는 유자 막걸리를 앞에 두고 숙성된 시간을 건너자 여백의 햇살은 남쪽으로 기운다//설핏, 그립다 -「숙성된 시간」 전문

"설핏, 그립다"를 머리에 두고 「숙성된 시간」을 읽는다. 화자인 '예쁜이'가 선희 엄마에게서 한 되짜리 양은 주전자에다 털

털한 막걸리를 철철 넘치게 받아들고 할아버지가 기다리는 집에 가기까지 벌어진 얼마간의 일이 우리가 읽은 작품의 서사이다. 상상하는 일만으로도 절로 미소가 번지는 이 작품은 가은 시인의 언어적 센스를 엿볼 수 있는 부분이기도 하다. "물그림자 번지고 코끝까지 살랑거린 누룩 향"을 못 이긴 화자는 서너 걸음을 떼다 말고 들고 있는 주전자에 앳된 미소를 짓고는 주전자 주둥이에 앵두 같은 입을 대고 '엄마 젖꼭지 빨 듯' 쭉쭉 빨았겠다.

달려가 앵기고 싶은 새우처럼 웅크린 고모의 가슴

아, 할아버지 양반다리 위에서 넙죽넙죽 받아먹던 꼴랑한 추억의 이 맛, 여전히 기가 막힌다. 넘치게 받은 터라 한두 모금만 먹으면 표시날 일도 아니었는데 '한 모금만 한 모금만' 한 것이 그만 표시 나게 술이 줄어버리고 말았다. 받은 술은 넘쳤건만 지나치게 빨았으니 그럴 밖에. 상당량이 줄어버린 걸 첫눈에 알아챈 할아버지, 한두 모금만 마셨더라면 좋았는데 '딱, 한 모금만 더더' 하다가 달아오른 얼굴을 어쩌지 못하고 쌩긋거리는데 덜 채운 주전자가 손녀의 범행(?)임을 번연히 알고도 짐짓 표정을 감춘 할아버지 왈, "누구네 처자가 당번 서더냐, 주전자를 채우다 말고"…. 애꿎은 주조장네만 인색해지고 말았다.

"새의 혀처럼 돋아난 연초록 숲을 거닐며" 그날을 추억하며 풋풋한 시간 속에 잠겨보는 화자에게 기포만큼이나 차오른 보골보골한 기억의 무늬들은 언어의 행간에 누룩 향 같은 그리움을 띄워 뭉글뭉글 취하게 한다. 아, 좋다. 때는 "봄 햇살처럼 발효되기 좋은 시간"이고 사람도 세상도 함께 발효된 상태. 이제 와서 회상에 드는 화자에게 낙지 초무침에 오덕을 갖췄다는 유자 막걸리로 고향 한 묶음이 차려졌다. 작품의 흐름을 따라가는 내내 미소가 번지고 짐짓 능청과 여유가 넘실거린다. 촘촘함 언어에 내밀한 표현, 밀도 또한 긴밀한 얘기들은 작품의 진행을 따라 속 깊은 계곡을 내려간다. 여기에 오면 사유의 여백은 이내 숙성에 들고 햇살은 설핏 남쪽으로 기운다.

작품에서 시인이 의도한 시간의 숙성은 그래서 발효되기 좋은 계절감에 맞물린 사연을 더더욱 향기롭게 한다. 순연한 언어가 따스하게 흐르는 시간은 그래서 눈부시나보다.

> 요추라는 이름을 누가 지었나요/탱탱한 젊음을 녹여 이름값의 도금 하느라/그만, 디스크가 의무방어선을 일탈해 *요렇게 추하게 변했어요*//가진 것이라곤 방울 두 쪽 가장家長이 가장假裝이 될 때 비극의 주인공이 될 수 있겠다 싶기도 하고 가장이 남편의 높임말이라니 어느 시대의 말씀인지요//언제부턴가 바지게 가득 돌탑이 쌓여만 갔어요/버티고 지지하는 작대기도, 애써 들이댄 가벼운 등짝도 힘이 달리기는 마찬가지 드리핑 파울로 넘어져 이마가 붉게 까였어요 어디 그뿐인가요 돌무덤 속에 갇혀 곤죽이 되어 반 죽다 살아났어요/넘어진 김에 일어나기를 거부하고, 머뭇거리는 더듬이처럼 먼 기억을 소환했어요 고모 등에 껌딱지처럼 붙어 지낼 때, 울 고모 허리는 탄력 좋은 스프링보드인 줄 착각하고 냅다 뛰어도 되는 줄 알았는데 어쩌죠?//문득, 구부린 등을 떠올리며 한달음에 달려가 포물선처럼 휘어진 고모 가슴에 앵기고 싶은 얼얼한 밤이네요
>
> -「자리를 탈출한 디스크」 전문

제자리를 지킨다는 것은 얼마나 소중한 일인가. 작품에서 자리를 이탈했다는 표현을 읽으면서 '디스크'란 특정 질병이 정상에서 많이 벗어났다는 사실을 인지하게 한다. 작품은 '요추'라는 이름을 누가 지었느냐를 묻는 설의법으로 시작한다. '요추'

는 척추 가운데의 등뼈와 엉치뼈에 걸쳐진 다섯 개의 뼈라고 한다. 그러니까 흔하게 듣는 말이 '디스크'임에도 그 의미는 척추 원반 탈출증을 일상적으로 이르는 말이라고 하면 될 듯하다. 디스크가 자리 잡은 곳은 '허리'일 것이고 탈출했다는 자리는 정상적인 위치에서 많이 벗어났다는 것을 의미하리라.

가은 시인의 작품을 독서하면서 문학에서 평설이라는 작업이 별무 소용이 라는 것을 새삼 반추하면서 컴퓨터 자판을 두들기고 있다. 가은의 작품은 독서에 빠질수록 휘발성 액체가 증발할 때의 삽상함이 필자의 오감에 젖어든 것을 숨기지 않겠다.

상대의 높임말인 '가장'이나 중압감이 읽히는 '돌탑'이 나오고 그걸 바지게에 가득 담았다니 버티고 지지하는 작대기나 애써 들이댄 등짝에도 힘이 달리기는 마찬가지였겠다. 여기에서 드리핑 파울로 넘어지면서 이마가 붉게 까이게 되고 아예 돌무덤 속에 곤죽이 될 만큼의 눌린 상태로 반 죽다 살아났으니 내친 김에 지즐러 앉아 한 세월을 보내자는 심산은 아니었을까.

넘어진 김에 일어나기를 거부했지만 어쩌다가 이 지경에 다다랐는가를 짚어가기 위해 너듬이처럼 머뭇머뭇 먼 기억을 소환했다는 표현도 더없이 직핍하다. 자신의 허리에 무리가 오는지도 모르고 탄력 좋은 스프링보드라도 되는 양 함부로 부리다가 척추가 내려앉는 사태에 이르렀다. 그런 다음 '디스크'라는 판정에 이르렀으니 그 난감함이 어떠했을까를 염려의 형식으로 담아 놓았다. 여기까지에서 가은 시인이 사물의 표정이나 진행 경로를 선명한 감촉 위에 올리는 일 하나하나를 인간의 모습으로 되살려낸 솜씨가 비상하게 느껴진다. 이야기는 여기에서 그치지 않고 감칠 맛 나는 마무리를 준비하고 있다. 화자가 고모를 떠올릴 때면 그 고약한 디스크 땜에 포물선처럼 휘어진 고모의 허리를 생각하게 되고 그럴 때면 새우처럼 웅크린 "고모 가슴에" 달려가 앵기고 싶은 얼얼한 밤이라는 사실을 심호흡처럼 들이키고 만다. '디스크'라는 질환을 한 편의 시로 창작한 가은 시인을 돌아돌아 여러 굽이에 다다른 기착지가 달려가 앵기고 싶은 고모의 가슴이었음을 읽게 한다.

이 자리에 덧댄 사실 하나, 사람의 살아생전에 포물선처럼 휘어진 허리도 죽으면 다시금 수평선처럼 반듯한 직선으로 되돌아간다는 사실을 상기하면서 원반 탈출증을 일으킨 요추도 마침내는 본래의 자리로 돌아가겠다는 의미 또한 상정할 수 있겠다. "탱탱한 젊음을 녹여 이름값을 도금 하느라" '그만' 요추들이 의무방어선을 일탈하는 줄도 모르고 무리했고 그래서 일어난 디스크라는 질병현상을 이리 선명하게 엮어내는 동안 그 같은 언어적 흐름을 배 띄웠을 가은 시인을 생각하면 무릇 잘된 언어에는 사연에 관계없이 재미와 신바람의 리듬이 보인다는 말에 이해가 간다.

뇌리에 채워진 상상들을 재깍거리는 초시계의 언어로 치환하는 비상함이 독자들을 휘발성 진한 삽상함에 들뜨게 한다. 언제부턴가 쌓여만 가던 바지게 위의 돌탑, 그걸 버티거나 지지하는 작대기, 힘이 달리는 가운데 등짝으로 짐 졌다가 돌출된 디스크를 유발하는 등 여러 일들을 생각게 한다. 시인의 언어가 이처럼 두루 사통팔달한 것은 시인자신의 생각에 감잡힌 일들을 종횡무진한 어휘에 담아냈다는 사실과도 등가이겠다. 면밀한 관찰과 사유에서 빚어진 시작상의 흐름은 실은 언어적으로 구사한 여유 내지는 능청과도 통하는 대목이다. 그 한 예가 '요추'에 대한 어휘풀이였고 디스크라는 말썽쟁이가 '그만' 의무방어선을 일탈하는 바람에 "요렇게 추하게 변했"다는 것이었다. 그리고 그 이면에는 이유도 한 몫 하여 탱탱한 젊음을 녹여서 이름값을 도금하느라 그리되었다는 것이니 탱탱하다는 젊음이 절정

기에 다다랐음을 의미하는 것인가. 이름값을 도금했다는 말은 빛나는 명분에 맞게 열심히 일해 왔음의 또 다른 표현이 아니겠는가.

> 리어커에 해거름을 싣고 먼바다로 김 채취 간 부모님을 마중 간다/아담한 선착장 어귀 삭풍을 등진 세 자매, 눈의 명 촉을 세우고 수평선을 건너온 어릿어릿한 어선의 행적을 쫓고 있다 칼바람에 휘둘린 거친 너울성 파도는 단번에 쪽빛 바다를 점령하고 억새처럼 우우 한 방향으로 일어선다//아무도 바라보지 않은 가족의 바다, 곳등 시린 바람의 무게는 아랑곳없이 오직 무사 귀환을 바라는 애달픈 마음만 간절할 뿐//맥없이 통통거리며 선착장에 맞댄 뱃머리//몇 바구니 생김을 끌어안고 억세게 굴곡을 건너온 부모님, 리어커 가득 간당대는 목숨을 끌고 당당하게 신작로에 든다/후들대는 온몸에 피어 나는 억센꽃, 가난이 서럽게 피운 소금꽃/구멍 숭숭 뚫린 돌김을 굽다 그림자처럼 내단는 뭉근한 가슴/한 장 김의 숭고한 내력을 묻는다
>
> -「소금꽃」 전문

작품의 출발은 두 장면이 하나로 겹쳐진 데서 시작된다. 먼바다로 김 채취를 나간 부모님이 그 하나이고 해거름에 리어커를 끌고 부모님을 마중 나간 화자가 그 둘이다. 선착장 어귀에는 삭풍을 등진 채 오들거리는 세 자매의 모습이 보이고 화자는 이들을 하나하나 짚어가며 어릿어릿한 행적으로 수평선을 넘나든 어선의 행적까지를 살피는 것이다. 눈에 보이듯이 그려낸 광경마다에 언어적 사실력事實力을 실감나게 읽을 수 있었다.

이별의 순간 또한 '끈끈한 기다림'의 시간

간당간당 리어커를 끌고 신작로에 들어서는 부모님을 '당당'

하다고 여긴 화자는 후들거리는 부모님의 몸에서 '억센 꽃'을 본다. 가난이 서럽게 피운 꽃이고 이 꽃이 바로 '소금꽃'이라는 표현 앞에 가은 시인이 보인 언어표현의 강건함을 읽을 수 있었다. 시간의 오랜 내력을 가슴에 품은 듯 뭉근한 불판에서 구워지는 돌김 '한 장'은 묻지 않아도 차라리 숭고하다 할만하다. 거친 풍랑이 쪽빛 바다를 단번에 점령하면서 우우 한 방향에 휘둘리는 칼바람이 억새처럼 일어서는 너울성 파도는 사방을 싸고 돌면서 부모님의 무사귀환을 막아서는 방벽들 같았다.

새삼스럽지만 시인이 사용하는 창작적 어휘능력은 그 무엇보다 우선한다. 언어의 고갈과 결핍은 시인이 지닌 무한 상상력을 제한하거나 무한 표현을 부르고 만다. 그런 의미에서 시인의 언어 능력은 깊숙한 곳에 숨겨진 사물의 진실을 얼마나 끌어내느냐의 능력도 의미하지만 평상시에 펼쳐낸 언어의 의미적 사용을 새롭게 환기시키는 능력 또한 말한다. 더 많은 어휘를 사용하고 그 어휘마다 오지랖을 만들어 상상과 해석을 넌지시 독자에게 제공하는 일이 긴요한 작업임을 상기할 때 가은 시인의 작시 능력은 상당 부분 그가 사용한 언어와 맞물린 문제로 보인다.

통통거리는 뱃머리를 선착장에 대고 몇 바구니의 생김을 끌어안은 부모님이 억세게 건넜다는 굴곡의 바다에서 시인이 요량하듯 거친 환경을 유추하게 되고 작업하는 현장성 또한 떠올릴 수 있었다. 그런 의미에서 시 창작에서 연유한 언어적 용처를 적절하게 맞춰내는 능력은 사물의 표정을 새롭게 은유하는 일에 다름 아니며 작시능력의 거의 절대적인 요건에 든다 할 것이다.

들 볕도 온기를 잃은 황량한 선교마을//은륜은 살얼음을 걷돌고 힘없이 거푸 뒹구는데, 파리한 벚나무 터널을 묵묵하게 따라 오르는 겨울 사내/민얼굴을 만져주고 가볍게 키스하고 싶으나 아직은 머릿속이 얼얼하고 바람결이 말랑하지 않네// 오르막 가장자리 새침한 애목련의 시린 발목을 붙들고 떠나지 못하는 잔설, 못내 아쉬운 이별의 순간 말 못 한 고백이 있어 헤어짐의 순간을 서툴게 할지라도 사랑과 헤어짐은 끈끈한 기다림의 배후 같은 거//헐벗은 유목민의 자유는 선택한 쪽의 기울기에 머무는 것처럼 이제 연한 마음은 부드러운 소리를 듣고 따뜻한 마음을 붙드네 //뜨겁게 굴렸던 페달의 흔적을 남기고 흔들리는 봄을 담아내는 것은//그저, 끈끈한 기다림이네

-「봄, 바람에 기울다」 전문

뜨겁게 페달을 굴리며 봄을 찾아가는 시인의 시선이 이채롭다. 그 같은 행위에서 '그저, 끈끈한 기다림'을 발언하는 시인의 모습을 보며 필자 또한 어떤 계절감에 경사져 있음을 본다. 기울어진다는 것은 어느 한 쪽으로 낮아지거나 쏠리는 현상을 의미한다. 관심 가진 방향으로 마음이나 생각 따위가 저절로 기우는 것을 말하는 것이다.

시를 독서하면서 약간은 난해하고 해석 또한 불분명한 부분을 감출 수 없겠다 싶을 때 외려 야릇한 매력을 느끼는 것이 시 감상에서 왕왕이 겪는 일이기도 하다. 시를 읽는 일은 표현에서 얻어진 의미의 적중보다는 주변을 아우르는 의미가 보다 큰 실감을 만드는 경우가 많다. 전경처럼 "들 볕도 온기를 잃은 황량한 선교마을"이 등장하고 머릿속이 얼얼한 말랑하지 않는 바람결에 이르면 끈끈한 기다림의 배후 같은 "아쉬운 이별의 순간 말 못할 고백"을 만나게 된다. 이 자리에서 전광석화처럼 스치는 단어가 '키스'인 것은 물론이다. 이 단어를 사이에 두고 느껴지는 것은 '겨울 사내에게 가볍게 키스하고 싶'다는 상황인지이

고 바람결이 파리한 벚나무 터널은 말랑하지 않는 사랑과 헤어짐의 시간에 다다르게 한다. 그리하여 봄바람에 기대지 않는 헐벗은 유목민의 자유는 부드럽고 연한 마음에 나아간다.

선택한 쪽의 봄은 봄이 아닌 시간이고 오르막 가장자리엔 애목련의 시린 발목이 머물고 있다. 그곳의 잔설을 배경으로 이별의 순간을 그리는 시인이 있고 그의 뇌리를 스치는 여러 장면의 영상들을 상상하면 거기에 엄습한 언어적 긴밀성을 유기적으로 조합하는 가은 시인의 언어적 탁월함을 엿보게 된다. 요란하지 않는 언어와 표현의 간명함에서 '헐벗은 유목민의 자유'가 시작되고 그저 물이 흐르듯 붙든 '따뜻한 마음'은 말랑하지 않는 그리움을 마냥 달리게 한다. 이럴 때 얼얼한 바람결은 페달을 굴려서 다다른 봄의 흔적과 겹쳐지고 피어나 말 못할 이별의 순간 또한 '끈끈한 기다림'에 귀착되는 것을 볼 수 있다.

화향은 보송보송한 살결에 번지고 심장은 꽃술처럼 요동치며 붉게 뛰네//그냥, 넷이 갑오징어 먹물에 수다를 섞고 흰 살을 더듬으며 세피아빛 사랑과 따끈한 밥상에 가벼운 술잔을 기울이자고 했을 뿐인데//오물처럼 탁한 채도를 어찌할 수 없어 비릿한 언어를 안으로 굴렸지//굴렁쇠가 붙들고 달아난 뜨거운 감정/알아들을 수 없는 간절함을 추스르지 못한 채 성급함을 드러냈던 것이 화근이었어//마음이 열리면 몸도 열리고 언어도 열릴 거라는 믿음은 속수무책으로 겉도는 허당 가슴에 자갈 몇 개 바스락대고 심오한 모래는 쌓여만 가고//오직 선한 눈빛이 훔치는 것은 묵묵하게 걸쳐 있는 수평선/바다가 송두리째 그리움인 건 고향 끝에 있기 때문이다//썰물이 실어간 소식은 잘 도착했는지/사구 귀퉁이를 힘없이 툭툭 건드리자 왜 갑자기 소나기는 내리는지//눈물겹게//이국에 헐렁한 뿌리를 내리고 가까스로 소속감*을 움켜잡고 힘없이 꺾이는 텅 빈

가슴/fit in 울지 않아 이국적인 상품의 최적화는 웃음이라서/
No, Net fit in 살고 있음에 살아야 하므로

-「아마릴리스- 엄마는 외국인」 전문

우리 주변을 보면 다문화가정이 새삼스럽지도 않은 요즈음이다. 그러나 당연하게 스치는 먼 나라의 여자들이 우리의 곁에 와서 신부가 되고 그럼에도 그 신부는 우리에게 또 하나의 이방인이거나 마찬가지로 우리 또한 그들에게 이방인이 된다. 유년시절 가을 운동회가 열리던 때 하늘에는 가득 만국기가 펄럭였다. 그 시절의 만국기는 6·25때 목숨을 버리면서까지 이 나라를 도왔던 16개국 우방들을 기념하기 위해 국기들을 걸었지만 이제는 상당 부분 다문화 가정이 들어섰고 그들 나라를 외가로 둔 아이들을 위하여 국기를 걸어 우호를 다지는 명실상부한 만국기의 시대가 되었다.

고향 그리는 간절함에 허허로움만 쌓이고

작품에서 보면 마음과 몸이 열리고 그러면 언어도 열릴 거라며 사랑 하나만을 믿고 혈혈단신 떠나왔을 고국의 바다가 모습을 드러낸다. 그 바다 너머의 고향을 바라보는 이국 여자의 시야에 조용히 걸쳐진 수평선엔 달려 나간 그리움으로 가득하고 고향 그리는 간절함이 밀물지고 있다. 이럴 때 웃음은 그 나라 국기 못지않은 만국의 공통언어. 그 언어로도 허당에 빠진 듯 다다르지 못한 가슴에는 자갈과 모레만 쌓여가고 이내 허허롭기만 하다.

화자가 보인 모습에서 감각한 만큼의 안정처를 마련해도 마음은 심란하여 건들기만 해도 소나기처럼 눈물이 쏟아질 것만 같다. 그래도 "이국적인 상품의 최적화는 웃음이라서." 그래 가은 시인이 요량한 「아마릴리스」의 풍경化는 그래서 예사롭지 않다. '진주꽃'으로도 불리는 아마릴리스는 여러해살이 꽃에다 민들레 꽃씨처럼 산형화서繖形花序로 날리는, 이 꽃이 발언하는 언어적 표현은 개체적으로 번성하고 형태적으로 세련된 이국종이라는 점에서 상징성이 깊은 은유이겠다 싶다.

생각의 굽이를 따라 밤하늘을 사유한다. 느끼는 것은 무슨 사연이 저리 많아 파편처럼 반짝임을 널어놨을까를 골몰하다가 현상적으로는 시인들의 시작품도 저 같겠거니 생각하게 된다. 시인이 착안한 언어에는 오만가지 생각들이 자리하고 그에 맞는 표현들이 들어선다. 언어와 사물에는 숙명적 관계처럼 여러 표현이 만들어지고 세상은 그만큼 새로워진다. 언어는 세상을 연결하고 이야기를 끌어내는데 더없이 긴요하다. 실감차원에서 시인이 사물들을 호명할 때 세상의 굽이마다에는 사물들의 무한 표현들이 대양의 수량처럼 가득하다.

가은 시인의 작품에서 '고향'을 독서한 것은 상당한 기쁨이었다. 「농주」는 불볕더위나 태풍, 병충해 등에다 "느닷없이 내리꽂는 여우비"로 농촌의 일손은 덕석을 말고 비닐로 덮는 등 부산하기만 하다. '농주'는 막걸리의 다른 이름이며 빈대떡을 안주삼아 점심이나 새참에 먹는 곁두리였다. 「숙성된 시간」에서 한 되짜리 양은 주전자에다 철철 넘치게 막걸리를 받아든 화자가 집에 가기까지에서 "엄마 젖꼭지 빨 듯" 한모금만 더 한모금만 더 마신 결과 알아보게 술이 줄었고 그 결과 주조장만 덜 채워준 꼴이 되고 말았다. 연초록 숲을 거닐며 낙지 초무침에 유자 막걸리로 한 상 차려내던 고향의 시간은 "봄 햇살처럼 발효되기 좋은 시간"이고 그래서 계절감에 맞물린 사연을 더더욱 향기롭게 한다.

"리어커에 해거름을 싣고 먼 바다로 김 채취 간 부모님을 마중 나간" 「소금꽃」이나 "뜨겁게 굴렸던 페달의 흔적을 남기고 봄을 담아내는" 「봄, 바람에 기울다」 등도 금방이라도 고향 정서가 묻어날 것만 같다. 사랑 하나만을 믿고 혈혈단신 떠나온 고국을 개체적으로 번성하고 형태적으로 세련된 이국종 화훼 「아마릴리스」의 풍경化로 깊은 상징성에 은유 또한 적절하다.

고향은 누구에게나 정감이 넘치는 마음의 안식처로 떠올리면 손에 잡힐 듯 그리워지는 성소聖所다. 말만 들어도 가슴 절절한 고향을 꿈꾸지만 항용 다다르지 못한 신기루였고 이제는 예전의 모습으로 존재하지도 않는다. 하늘과 땅은 그대로인데 우리의 몸과 마음이 그만큼 변해버린 탓이다. 고향에 대한 천석고황은 우리가 상실한 근원적인 그리움이며 그런 의미에서 상상속의 안식을 찾아가는 마음의 행선지가 고향이었다.

가은 시인의 작품에서 고향과 함께 만난 자별한 주제는 '어머니'였다. 이 시간까지도 어머니에게(「어머니의 역설」) "시댁연대기는 현재진행형"이지만 "평소 부지런하고 간 크신" 어머니는 우리 모두의 어머니이기도 하다. 그 어머니 덕에 "집안의 대소사가 통통한 살이 붙고 넘실넘실 힘이 생겼던" 것이다. 집안의 골격 등에는 마땅찮아 하시면서도 길러낸 세 딸이 "키도 크고 이뿌다"는 말에는 "다 즈그 아버지" 쪽으로 공을 돌리는 어머니의 그 헤아릴 수 없는 심사로 작품은 대단한 반전을 맞는다. 「부처님 오시는 날」에서의 어머니는 기어코 아들은 낳겠다는 지극한 마음으로 천등산 금탑사에다 정성을 올렸으나 아들의 일은 만년설 같은 한이 되어버렸으나 실하게 자란 딸들이 사내보다 일도 공부도 잘하는지라 이제는 "딸들이 최고"라며 호방하게 웃으시는 양이 세상의 그 어떤 평화보다 크고 넓다. 「세종대왕 행차요」에서의 어머니는 허리가 휘도록 일 하면서도 "아가, 어매는 이라고 재미를 본다"며 한글공부를 자랑하는 모습 또한 성자의 모습처럼 아름답다.

크게 보아 어머니는 시인들의 단골소재였고 노래의 발원지였다. 어머니는 하느님과 동일의미로 이해하는 일도 많았고 모든 자리에 임재 할 수 없는 하느님을 대리하여 파견했다는 분이 어머니다. 어머니에게 세상사는 자식을 기르고 남편을 내조하고 살림을 하는 각다분한 천만가지의 주제였을 것이다. 그만큼 '어머니'라는 단어는 국가와 시대를 초월하여 사랑이 넘치는 가장 친숙한 단어라는 얘기다. 고향은 자꾸 무언가가 그리운 기억의 현장이지만 그 중심엔 항상 어머니가 계셨다. 어머니 계신 곳을 고향이라 할 수 있었고 그런 의미에서 어머니와 고향은 동일어이기도 했었다. 프란치스코 교황이 강론한 예수는 사랑을 베풀기 위해 먼저 취약해졌고 다가가기 위해 먼저 낮아졌고 제공하기 위해 먼저 희생했다는 말에서 어머니의 모습을 떠올려본다.

'언어'라는 암실에서 흑백사진처럼 지나간 날들을 인화해 본다. 흑과 백, 두 색채 사이엔 헤아릴 수 없는 다채색 명암이 교차한다. 칼라 사진은 모든 색채가 보이므로 상상력이 제한적이지만 흑백사진에는 출렁이는 강물 같은 상상력이 윤슬처럼 반짝인다. 가은의 시편들은 칼라사진보다는 아무래도 흑백사진 쪽에 가깝다. 그리고 자신만의 어법으로 이야기를 하는 터여서 행복할 수밖에 없겠다. 가은 시인의 언어는 시적 대상과에 자별한 표정 나누기나 이야기들이 널리 숨 쉬고 있다. 여느 시인보다 가은 시인의 표현 양태는 언어적 개성이 뛰어났고 이를 자연스럽게 연결한 감성과 사고를 강물처럼 흘려보내는 특징적 독서를 할 수 있었다.

서사를 통해 도달한 생의 진실들

풍경과 인정, 그 요철이 바람처럼 흐르거나 열매처럼 숙성하면서 독자적인 여러 감동을 창조하는 사람이 시인이다. 그런 연유로 "시인의 언어는 순교자의 피보다 투명하다"고 말한 비평가가 있었다. 사물에 대한 의미적 반응은 늘 시인의 언어체험에서 비롯된다. 그 속에는 항용 개별성과 보편성이 공존하며 슬픔이나 무망함, 부재에서 오는 적멸이나 그리움, 에워싼 주변의 풍경, 표정, 심지어는 너울거리는 갈매기의 쓸쓸한 울음소리까지 구체적인 느낌의 세계로 진입하는 것이다.

지금까지 읽어온 가은의 시편들은 꽃그늘 같은 서사를 통해 생의 진실에 다가선 수작들이었다. 시 쓰는 길에 들어선 가은 시인의 시업의 미래는 좋은 시를 왕성하게 쏟아내면서 아름다운 언어의 꽃밭을 만들어가는 정원사의 길일 것이다. 여전히 풍부한 상상력과 어휘구사로 언어라는 퇴비를 뭉근하게 숙성시켜서 다양한 꽃을 피울 가은 시인의 화원을 생각하면 이어질 다음의 작품집이 궁금해진다. 더불어 삽상하게 다가오는 그 향기에 미리 취해보는 것이다.

가 은 시집
봄, 바람에 기울다

2021년 8월 10일 인쇄
2021년 8월 20일 발행

지은이 | 가 은
펴낸이 | 강경호
인쇄 · 기획 | 도서출판 시와사람
등록 | 1994년 6월 10일 제 05-01-0155호
주소 | 광주시 동구 양림로119번길 21-1(학동)
전화 | (062)224-5319
팩스 | (062)225-5319
E-mail | jcapoet@hanmail.net

ISBN 978-89-5665-603-8 03810

값 10,000원

*잘못된 책은 바꾸어 드립니다.

공급처 ■ 한국출판협동조합

경기도 파주시 적성면 가월리 1859-9 한국출판협동조합 적성물류센터
주문전화 (02)716-5616, 070-7119-1740